读写一助

张志公　著

北京出版集团公司
北京教育出版社

脉，学问周正一流，又兼有新时代的精神，开拓创新，视野宽阔，能吸收西方的先进理念。他们的著作兼具传统与现代汉语的内在之美，都是典范传世之作，他们的为人与为文影响、滋养了几代中国人。

这些教育大家确立了现代中国白话文写作的典范，如：梁启超先生的文章明白畅达，在当时受到一代青年学子的追捧；朱光潜先生的文章深入浅出，讲解生动；朱自清先生的散文优美清丽，早已是中国散文史上的经典之作。

这些教育大家亦是中国现代汉语规范的创立者和语文教育的真正开创者，如：张志公先生提出了"汉语辞章学"的概念，初步构拟出汉语辞章学的理论框架。又如：汉语语法学界的语言学大师朱德熙先生，是一位富于开创精神的杰出学者，在语法研究上以其独特的语法思想与科学的分析方法，深入地研究汉语语法现象，奠定了汉语描写语法的基础。

最好的指导——倾心传授写作之道

本套丛书凝聚了数代学界名流的学术成果和研究心血。语文教育大家叶圣陶先生从写什么、怎样写、文章句子的具体安排、文章中的会话一直到文章的静态与动态，都一一详述；夏丏尊先生从阅读到写作的论述语言生动，见解独到，举一反三；梁启超先生对于作文之法则、规矩的讲论，语言畅达，并富有说服力，全面阐述了各类文体所应遵循的规则，以及提高写作水平的方法；朱光潜先生以深厚的学术涵养与理论高度来谈论写作，文章深入浅出，语言平易近人，让读者在美学照应之下得到关于写作的内在之道；朱自清先生对于写作有自己独特的见解，认为"思想、谈话、演说、作文，这四步一步比一步难，一步比一步需要更多的条理"，推崇"多看、多朗读、多习作"；朱德熙先生从主题、结构、表现、词汇、句子、标点等六方面阐述写作之道，每章之后附有习题，举例丰富，说明切实具体，体现着朱德熙先生关于中学语法教学的先进理念……这些论述在当时对于提高中学生的写作能力裨益甚多，我们相信，对于当下中学生的写作同样具有极大好处，对提高中学语文教学质量一定也具有重要的指导作用。

虽然历史已往，时代在变，但是传统文化中那些熠熠闪光的精华永远不会被埋没。

我们希望通过本套"先生教你写文章"丛书让读者朋友从中领悟文章写作一脉相承和推陈出新的道理，给现代作文教育一个新的思考方向，也希望能帮助中学语文教师更好地指导学生学习写作，更希望广大青少年读者，尤其是在校中学生可以通过这套丛书更深刻地理解写作的内在精要，真正掌握写作规律，从而提高写作能力。

先生之诚，作文之道，尽在于此。

2014 年 3 月

本书说明

　　《读写一助》原名为《修辞概要》，作者为我国语文教育大家、著名语言学家张志公先生。全书分为"用词""造句""修辞""篇章和风格"四章，例证丰富，引用鲁迅、老舍、赵树理等现代文学大家的经典著作为示范，又结合一般写作中的弊病对症下药，从理论到实践，详尽阐明了修辞学的若干问题。说理透彻，解析明了，有助于学生掌握语言表达的内在规律，以及提高语言运用的艺术水平，对于从根本上提高作文写作和教学都具有很大裨益。

目 录
contents

1

小 引

一 什么是修辞

一提起修辞，立刻有人觉得这玩意儿很高深，是文学家的事，跟我没关系，我用不着它，也学不会它。另外一些人认为修辞是"咬文嚼字"，是"卖弄文字技巧"，没有什么用处。这两种认识都不正确。

修辞一点都不高深。不但文学家们会修辞，不是文学家的人也都会；不但作文章的时候用得着修辞，说话的时候也用得着；不但念过书的人懂修辞，不识字的人也懂修辞。

瞅那红骟马，膘多厚，毛色多光，跑起来，蹄子好像①不沾地似的。

（周立波：《暴风骤雨》）

郭三旦生的脸绯红，一对大眼像灯笼一样亮。

（杨朔：《金星奖章》）

这是人人都会说的口语，可是"蹄子好像不沾地似的""一对大眼像灯笼一样亮"这些说法都是修辞的说法。

> 文化教员收起笑脸说："想看信吗？讲个条件：你得念给我听。"
> 〔李班长答道：〕"你这不是赶着鸭子上架吗？"
>
> （宋文茂：《李班长学文化》）

这句答话也是修辞的说法。

举这三个例子是为了说明一件事：修辞不高深，人人都会。当然，修辞不单是这么一种办法，更不单是为了把话说得俏皮、漂亮才要讲修辞。

> 哥哥和弟弟在街上走了个碰头儿。他一看见他立刻就把这个好消息告诉了他。

这两句话说得不明白：到底是哥哥把消息告诉了弟弟呢，还是弟弟把消息告诉了哥哥？毛病出在什么地方呢？原来是三个"他"字用得不合适了。用词合适不合适也是修辞的问题。所谓修辞学，一部分责任就是来讨论这类问题的。

这样又说明了一件事：修辞的知识是很有用处的。

认为修辞学没用的人也许会说："我不想写小说，也用不着把话说得那么漂亮，讲修辞干什么？"

不。不仅文艺作品里用得着修辞，说理的文章也要用。

> 如果我们既放下了包袱，又开动了机器，既是轻装，又会思索，那我们就会胜利。
>
> （毛泽东：《学习和时局》）

对于好谈这种空洞理论的人，应该伸出一个指头向他刮脸皮。

（毛泽东:《整顿党的作风》）

"放下了包袱""开动了机器""伸出一个指头向他刮脸皮"，这些都是修辞的说法。

二 为什么要讲修辞

说话和写文章，都是为了表达意思。所谓表达意思，不外这么几种：告诉人家一件事或者一个道理，问人家一个问题，要求人家或是制止人家做②某件事，或是发抒自己的一种情感。告诉人家什么，一定要叫人家懂；问人家问题，一定要把问题说明白；要人家做什么，一定得把自己的要求讲清楚；发抒情感，一定得把情感表露得很真切。总起来说，说话或者作文章有两点应该做到：起码得清楚明白，让人家懂；进一步要生动有力，好叫人家信服、听从、感动。做不到这两点，说话或是作文章的目的就达不到；至少，达到得不圆满。

把话说得清楚明白、生动有力，不仅是为了达到自己说话或者作文章的目的；更重要的，这是对听话或者看文章的人必须尽到的责任。把话说得糊里糊涂③，无疑的就要叫人家费时费劲去猜想意会；说得松懈无力、枯燥乏味，人家就白费了半天劲，收不到什么效果，甚至于弄得头昏脑胀，疲倦得不得了。一句话，那样就是对人家不负责，对不起人家。

再进一步说，还不单是对得起人对不起人的问题。语言是人们交流思想的工具，它在人们的共同生活里，在文化、科学、教育发展的道路上，负有很重要的任务。为了使它好好地④完成任务，不能不好好地使用它。

讲修辞，就是为了这些目的。

三　修辞学讲些什么

前面那几段话可以说已经把修辞学的基本任务交代出来了。从消极的一面说，它要讨论怎样把话说得清楚明白，别让听或读的人去猜想甚至产生误解；从积极的一面说，它要讨论怎样把话说得生动有力，使听或读的人有兴趣，而且了解得透彻。

讲些什么内容才能完成这样的任务呢？

说话就是把表示各种概念的词组合起来，组织成句，进一步把许多句组织成一段一篇的话，来表达我们的思想情感。要把话说得清楚明白，生动有力，首先就得选用恰当的词，造成通顺的句子，安排成有条理有层次的段落篇章。因此，修辞学头一样要讲的就是用词、造句、成篇的一些基本原则。单单注意选词、造句、成篇，有时还不够。为了收到更好的效果，还需要在句子和篇章里用些办法把说的话作些必要的加工、润饰，进一步还需要养成一定的风格。这些——修饰的方法和风格的养成，是修辞学的又一部分内容。

这样说起来，修辞学显然跟词汇学、语法学和逻辑学有些瓜葛。那么这几样东西的界线是怎样划分的呢？

逻辑学所讨论的是思维形式的规律。话的内容对不对，合不合客观的现实情况，也就是平常所说的"想法对不对""合不合事理"，这是属于逻辑学的范围的。语法学所讨论的是语言里词的组合和组词成句的规律。词的组合对不对，句子造得通不通，合不合一般的习惯，这是属于语法学的范围的。运用恰当的词以至组词成句，都离不开词。词义，词的使用，词的配合，词的发展变化，很有些讲究。这是属于词汇学的范围的。修辞学的内容前边说过，它所讨论的是怎样选择合适的词，怎样整饰句子组成篇章，怎样运用修饰的方法，怎样养成说话作文的风格这些问题。字眼用得妥帖不妥帖，句子造得有没有力量，整篇话的条理清楚不清楚，生动不生动，能不能感人，能不能服人，有没有风格——简言之，话说得好不好，这是属于修辞学的范围的。

这么看起来，逻辑、词汇、语法和修辞这四样东西，各有各的任务，界线很分明。是的。不过，它们并不是各自孤立的，而是互有关联的。一个句子如果错了，一段话如果说得不好，往往会牵涉到逻辑、词汇、语法和修辞四方面或者两三个方面。从运用语言的角度来说，逻辑、词汇、语法、修辞这几样东西的相互关系是很密切的。至于篇章、风格之学与修辞学有关，那就更不在话下了。

四 修辞学能做到些什么

假定读者已经相信，修辞是可以学习而且是需要学习的，这里倒又要提醒读者一句了：不要对修辞学抱过高的希望，不要以为学学修辞就一定能写出很好的文章来。

文章是思想的表现，思想是内容很复杂的综合体，包含着生活经验、文化、科学知识，思维能力，道德和情操，信念和理想，等等。要写出好文章来，先要有丰富的、正确的、高尚的思想；这要从各方面去充实、培养。修辞学所能做到的，只是就我们现有的思想境界，应用一些选词炼句的原则，使我们说话写文章叫人家容易懂，进一步说得或写得好一点儿；尽可能地多收到点效果。但是无论如何，修辞不可能把我们的文章提高到我们的思想境界以上去。如果不从思想上下功⑤夫，单靠修辞的帮助，写出来的文章尽管文理通顺，辞藻活泼，而内容空空洞洞，思想境界卑俗，那就至多成为没有什么真实价值的"绣花枕头"了。

---

① 原文为"象"，后同。
② 原文为"作"，后同。
③ 原文为"胡里胡涂"。
④ 原文为"的"，后同。
⑤ 原文为"工"，后同。

第一章 用 词

一 用词的几个基本问题

用词有两个问题：一个是用哪种类型的词的问题，也就是用词的基本原则问题；一个是用哪个词的问题，也就是基本原则的实际运用问题。

用哪种类型的词的问题，答案很简单：要按照大家共同一致的习惯使用大家都懂得的词。

每个词表示一定的意义，有一定的用法。这意义和用法都是基于使用同一种语言的人多少年来的共同一致的习惯形成的。按照这种习惯来用词，大家都

★ 本书原名《修辞概要》，1953年由中国青年出版社出版。本书以现代口语和现代白话作品中的修辞现象为研究对象，是一部纯粹的现代白话修辞学著作。本书最突出的特点，就是打破了修辞学以讲辞格为主的局限，一头同语法联系起来，讲用词、造句中的修辞现象，讲语序和语气等，一头延伸到篇章结构和语体风格，极大地扩展了修辞学的研究范围。

《读写一助》1953年初版

1

懂；不按照这种习惯，大家就不懂，或是不易懂。高尔基说，读者"有权利要求作家用最丰富的、灵活的语言的普通字眼对他们说话"。这可以说是用词的基本原则。

怎么知道某个词是不是大家都懂得的词呢？最有效的检查方法是看一看口语里和按照口语写的好的作品里是否常用这个词。常用的一定是大家都懂得的词；不常用的一定是大家不易懂的词。这也就是说，要尽可能地多用口语里和好的作品里常用的词，避免不常用的词。赵树理●谈他的写作经验时说："'然而'听不惯，咱就写成'可是'；'所以'生一点，咱就写成'因此'，不给他们（按：指农民）换成顺当的字眼儿，他们就不愿意看。"这句话值得体味。

常用不常用是相对的，不是绝对的。从前常用的，现在可能不常用了，从前不常用的，现在可能常用了；这个地方常用的，那个地方可能不常用；这些人中间常用的，那些人中间可能不常用。这样就引出了下面这一连串的问题。

（一）方言土语和普通话

方言土语里的一些词，是某个地方常用的，别的

● 赵 树 理（1906-1970）：现代著名小说家，代表作有《小二黑结婚》《灵泉洞》《三里湾》等。

2

地方不用或者不常用的。这种词在写作中可以不可以用呢?

总的原则是:写作应该用普通话,不宜于使用方言土语。方言土语是流行于一个小区域的,写作中用了方言土语,无异乎替作品划了一个圈子,使它只能在这个圈子里产生作用,一跑出圈子去,人家就不懂了。这显然是削弱作品的力量,不应当的。由于社会发展的需要,我们应当积极大力地推广普通话。提倡说普通话,提倡用普通话写作。

然而,这并不等于说方言土语绝对用不得。首先要看作品的性质,其次还要区别方言土语的性质。

文学作品里,为了特定的目的需要用语言来表现地方色彩、或是用语言来表现人物的特点时,偶然采用些必要的方言土语是许可的。非文学作品,不大有这种需要。

方言土语是服从于民族共同语的,然而民族共同语并不排斥方言土语里的若干优秀的成分。事实上,民族共同语总是以最有力量的、使用范围最广的某一种方言为基础,吸收了别的一些方言来加强了它自己而形成的。因而,正如鲁迅所说,"方言土语里,很有些意味深长的话,我们那里叫'炼话',用起来是很有

* 方言是语言的变体。根据性质,方言可分地域方言和社会方言。地域方言是语言因地域方面的差别而形成的变体,是全方言民语言的不同地域上的分支,是语言发展不平衡性而在地域上的反映。社会方言是同一地域的社会成员因为在职业、阶层、年龄、性别、文化教养等方面的社会差异而形成不同的社会变体。

意思的，恰如文言的用古典，听者也觉得趣味津津。各就各处的方言，将语法和词汇更加提炼，使他们发达上去的，就是专化。这于文学，是很有益处的，它可以做得比仅用泛泛的话头的文章更加有意思"。

其次，方言土语里的有些词固然是只能用于这个方言区域的，出了这个区域，人家就不懂。但是另外也有些词，尽管别的地方本来不用或是不常用，可是用起来大家也能懂。像这种词，如果它们有一定的用处，那就不仅能在写作中使用，而且很有可能被吸收进民族共同语里去，成为民族共同语的词汇的一个构成成分。

（二）文言和白话

"文言"和"白话"是对待着说的，它们指的是写作中所用的语言。用现代口语或是跟现代口语很接近的语言所写的文章叫作"白话文"。至于文言，就可以有广义的和狭义的两种解释。广义地说，凡是跟现代口语不同的，都可以叫作文言。可是，所谓跟现代口语不同，又有两种情形。一种是古代的口语，比如《水浒传》的语言，就是跟当时的口语很接近的，虽然

★ 中国分为七大方言区：北方方言，吴方言，闽方言，粤方言，客家方言，赣方言、湘方言。各个方言又分为不同的次方言。例如北方方言，分为华北东北次方言，西北次方言，西南次方言和江淮次方言。

跟现代的口语很有些不同的地方；另一种是在写作的当时，跟口语有很大的距离，比如清朝桐城派❶、阳湖派❷那些作者所写的古文就是跟当时的口语很不相同的。狭义地说，只有这第二种才算是文言，第一种仍算是白话。我们这里所说的文言是广义的，也就是说，凡是现代口语里不用或不常用的字眼，我们都管它叫作文言词语。

从原则上讲，应该尽可能地按照现代口语来写作，文言词语应该尽可能地避免。这道理很简单，不必多讲。

然而，文言词语也并不是绝对用不得。古典作品里所表现的古人的语言，有许多优美的东西值得我们学习。

鲁迅❸是反对文言、倡导白话的。可是在他的作品里时常可以发现些文言词语。下边这些句子是从他的一篇杂文《怎么写》里摘抄下来的，下边点了黑点儿的都可以算作文言词语。

（1）有时有一点杂感，仔细❹一看，觉得没有什么大意思，不要去填黑了那么洁白的纸张，便废然而止了。

（2）记得还是去年躲在厦门岛上的时候，因

❶ 桐城派是清代文坛最大散文流派，因其早期的重要作家方苞、刘大櫆、姚鼐均系清代安徽桐城人，故名。桐城文派理论体系完整，创作特色鲜明，作家众多，作品丰富，播布地域广，绵延时间久，影响深远。

❷ 阳湖派是清代乾隆、嘉庆时期的散文流派，因代表人物张惠言、恽敬都是江苏阳湖（今常州）人，故而得名。这一派古文家，在总体上是以桐城派为宗，和桐城不同的在于，除了取法六经、唐宋八大家外，兼取法子、史、杂家，在许多方面有突破。

❸ 鲁迅（1881-1936）：中国文学家、思想家、革命家。鲁迅的作品包括杂文、短篇小说、评论、散文、翻译作品，对于五四运动以后的中国文化与中国文学产生了深刻的影响。代表作有《呐喊》《彷徨》《故事新编》《朝花夕拾》《野草》等。

❹ 原书为"子细"，后面同。

为太讨人厌了，终于得到"敬鬼神而远之"式的待遇，被供在图书馆楼上的一间屋子里。

（3）寂静浓到如酒，令人微醺。

（4）望后窗外骨立的乱山中许多白点，是丛冢；一粒深黄色火，是南普陀寺的琉璃灯。

（5）我靠了石栏远眺……

（6）几乎就要发见仅只我独自倚着石栏，此外一无所有。

（7）腿上钢针似的一刺，我便不假思索地用手掌向痛处直拍下去，同时只知道蚊子在咬我。

（8）恰如冢中的白骨……

（9）开首的两句话有些含混，说我都与闻其事的也可以，说因我"南来"了而别人创办的也通。

（10）第六期没有，或者说被禁止，或者说未刊，莫衷一是，我便买了一本七八合册和第五期。

（11）假使说的是张龙赵虎，或是我素昧平生的伟人，老实说吧，我决不会如此留心。

（12）倘作者如此牺牲了自由，即使极小部分，也无异于削足适履的。

（13）纪晓岚❶攻击蒲留仙的《聊斋志异》，就在这一点。两人密语，决不肯泄，又不为第三人所闻，作者何从知之？

（14）万一变戏法的定要做得真实，买了小棺材，装进孩子去，哭着抬走，倒反索然无味了。

不仅在这类带有议论性的文章里用得着文言词语，文艺作品里有时也用得着。

❶ 纪晓岚名纪昀（1724—1805）：字晓岚，清代学者、文学家、目录学家。曾任《四库全书》总纂修官，代表作《阅微草堂笔记》。

（15）他真是一个巧言令色的小人。

（郭沫若**❶**：《屈原》）

（16）就连我现在都还听得毛骨悚然呢。

（同上）

（17）那似乎有些高兴的眼光，正眺望着四周，跟着爸爸回娘家，是一年中难逢到的好运气。

（丁玲**❷**：《太阳照在桑乾河上》）

这里举这些例子，只是要说明一点：写作中在必要的地方适当地运用一些文言词语是可以的，有时并且是有好处的。就拿前面举的例子来看，有的是口语里没有相当的说法的，有的是比口语的说法简洁有力的。毛泽东同志说："我们还要学习古人语言中生命的东西。由于我们没有努力学习语言，古人语言中有的许多还有生气的东西我们就没有充分地合理地利用。当然我们坚决反对去用已经死了的语汇和典故，这是确定了的，但是好的仍然有用的东西还是应该继承。"**❸**

毛泽东同志这段话肯定了学习古人的语言的必要，同时也指出了学习的原则：第一，要吸收的是那些"有生气的东西"，"好的仍然有用的东西"，第二，"已经死了的语汇和典故"是要"坚决反对"的。

就是那些有生气的文言词语，也还要运用得当。

❶ 郭沫若（1892-1978）：著名文学家、剧作家、诗人，是中国新诗奠基人之一。郭沫若著述颇丰，主编《中国史稿》和《甲骨文字研究》，全部作品编成《郭沫若全集》。

❷ 丁玲（1904-1986）：当代著名的作家，代表作有《莎菲女士的日记》《太阳照在桑乾河上》等。

❸ 出自毛泽东《反对党八股》。

在不必要或不适当的地方生硬地搬弄上一些文言词语，不但于文章无益，反而会损害了它的风格。至于自己乱造些文言腔调的字眼，那当然更是不好的。下边是几个在期刊上发现的运用不得当的文言词：

（18）夜班工人在深夜或清早下班后，最好在室外或空气新鲜的室内做几节体操，散步片刻后再入睡，这样可以使因劳动而疲劳的大脑得到调节，使我们更快入睡和睡得更甜。但应注意运动量不要过大，以免引起大脑神经细胞的强烈兴奋而影响入睡。

"入睡"是个文言词，口语说"睡着"。这一句用了三个"入睡"，只有第二个还过得去，虽然也不如说"睡着得快些"自然。第一个根本用错了，那里说的是"散步片刻再去睡"，不是说"散步片刻再睡着"。第三个前头来了个"影响"，两个词这样一配搭，使意思晦涩，不如照口语的习惯说成"……兴奋，以致睡不着"；否则也得把"影响"改成"不能"。

（19）这个寓言，对于我们很有教益。

"教益"原来就是文言尺牍里用得很滥的一个字眼，这里实在不如说成"很有启发的作用""很有教育的意义"等，比较自然、明白。

★ "文言"是与"白话"相对而言的。"文言"是指我国先秦时代（春秋战国时期）的口头语言为基础而形成的一种书面语言。"文言"在当初与口语基本上是一致的。后来口语不断变化，而文言文却越来越定型了。于是经过省略和美化的文言，跟口语就有距离了。口语因时代而变化，变化比较快。书面语也因时代而变化，但变化慢得多。

（20）这诚然是科学上的奇迹。然而现在这样的"奇迹"却已经司空见惯了。

"司空见惯"是个文言的典故，用在这儿虽然不能算错，但从修辞的效果上看，就不大好。首先，"司空见惯"往往是指常常看见不大好的现象，至少也是指常常看见一般的、无所谓好坏的现象，某种好现象时常发现，我们不大用这个字眼。其次，"司空见惯"的下文是"不以为意"，❶就是说，因为很常见，所以不在乎了。科学上的重大成就，现在确是很常见的，可是我们决不因为常见而不在意。正相反，对于那些伟大成就——那些"奇迹"——我们经常是极端重视的。从这两方面看，在这里用了"司空见惯"这么个文言字眼，不但不能加强语言的表现力量，反而是减弱了力量。

（21）有计划地发展儿童的举动行为及运动技术以使从多方面发展脑髓的反射机能是具有特殊意义的。

"以使"是生造的文言虚词。文言里有"以便""使""使之""使能"等，没有"以使"。这里可以用"以便"。

运用文言词不妥当的例子可以说是举不胜举的。

❶ 注：原文如此。

★ 从甲骨文出现到今天，三千多年，口语经过了多次重大的变化，而书面语的变化则比较微小。书面语跟口语的距离越拉越大，文言成为完全不同于口语的另一种语言。虽然在文言定型化以后，也有接近口语的白话文出现在文坛上，但是由官方大力提倡和文人广泛使用与推崇的文言，仍然居于正宗的统治地位。学习文言，不仅要学汉字，还要学书面的人造古汉语，所以学习困难。

这里把用错的，不当用的，用的不是地方的，生造的，每样举了一个，无非提醒读者一声，指出应当注意的问题而已。

（三）模糊和明确

日常生活中常用的词，有些含义是相当模糊的。使用的范围最广、使用的频率最高的词，含义往往也最模糊。像"打""搞"之类的词，离开了上下文真不知道它是什么意思。词义模糊有两种情况。一种情况是，它本来就是只表示一个模糊概念的。比如"这个疑问长时间没有弄清楚"。"长时间"是多少时候？几十年？几年？几个月？"长"是和"短"比较而言的，它并不表示确切的数量。另一种情况是，能够表示很多意义的词，往往成为含义模糊的词，如上边举的"打""搞"之类。说话写文章，有时候可以甚至需要使用模糊一些的词，有时候就要求尽可能的明确。特别值得注意的是，不应当由于滥用把一个含义本来明确的词弄得模糊起来。下边举几个例子。

1. 基本上

"基本上"是用得很广泛的一个词。这个词很好，很有用，可是用得有点滥，一滥就会掩蔽了它的特点，

★ 文言是以古汉语为基础经过加工的书面语。最早根据口语写成的书面语中可能就已经有了加工。加工主要有两种。一种是省略。古代书写工具笨拙，书写十分费劲，下笔省略，注重简洁，是必然的。另一种是美化。书面语要求写得整齐和优美。

反而使它不能充分地发挥作用了。

"基本上"和"大部分"不同。十个人开会，到了七个，我们只能说"大部分到会"，不能说"基本上到会"。同理，领导上交给我十项工作，我做完了七项，也只能说"我完成了大部分工作"，不宜于说"我基本上完成了工作（任务）"。"基本上"虽然也兼指数量，但是不仅仅指数量，而"大部分"是只指数量的。做完了工作的大部分，而且一般都还合乎要求、合乎标准，所完成的这一部分又包括工作中最主要的部分，完成了这一部分，工作上的根本问题已经解决，这才算是"基本上完成了工作"。尽管做完了十项工作中的九项，可是每项工作做得不完善，而且漏掉的一项偏偏是顶重要的有关键性的一项，仍然不算是"基本上完成了工作"。所以，意思是指数量的时候，最好就用表示数量的词，如"大部分""绝大部分"等，不要随便用"基本上"。

"基本上"和"大体上"不同。"大体上"只是"毛估"的说法，"基本上"是一个更认真、更严肃的说法。一篇通顺明白、内容没有什么错误的文章，就可以说"这篇文章大体上还好"，可是不能说"这篇文章基本上是好的（或：基本上还好）"。说"这篇文章

★ 白话是以现代汉语为基础、经过加工的书面语。白话也要加工吗？是的。有两方面的加工。一方面是写共同语（普通话），不写方言。方言也有书面语，那不是通用的书面语。另一方面是对口语要作语法修辞的规范化的加工。规范化的作用是扩大共同语的流通价值。白话不仅是"写"的，也是"说"的。写出来是"语体文"，说出来是"文体语"，写和说的统一就是"言文一致"。

11

基本上是好的"，到底是"这篇文章一共十段，有八段写得不错"呢，还是"这篇文章还算通顺晓畅、没有什么毛病"呢，还是"这是篇好文章，只有个别的小地方还得斟酌斟酌"呢？一篇"基本上还好"的文章，应该是一篇好文章，只是有些枝节的不太重要的地方还不够好。一篇"大体上还好"的文章，没有这么肯定的意思，它所能肯定的只是这篇文章没有什么大毛病。"他的病大体上好转了"，这只是个普通的说法，病会不会好，还在两可之间；"他的病基本上好转了"，这是比较认真的说法，是医生的口吻，既能这么说，大概他好起来的可能就很大很大了。如果我们的意思只是毛估一下，并没有意思要表示已经经过周密的考察，已经认识了事物的本质或重要方面，那么还是用"大体上"好，在这种场合用"基本上"是很不合适的。

"基本上"是个好词，简单明了而内容丰富。一个好词要好好地用，所谓好好地用，主要的就是维持并且发挥它的特点，不让它担任过分庞杂的任务。要是"大部分""大体上"这一类的意思都让"基本上"去表示，这个词岂不就成为一个模模糊糊没有明确意义的词了吗？

★ 我们脑袋里储存的是现代汉语，不是古汉语。电视里常常朗读文言诗词而不配备字幕，观众听得莫名其妙。白话不仅能让观众看得懂，读出来又能听得懂。所谓听得懂，当然是以文化和专业相同为条件。白话虽然经过加工，但它的基础是现代口语，所以容易听懂。老百姓的口语好比是"粗制品"，书面的白话文章好比是"精制品"。

2. 结合着

"结合着"也是近些年来广泛使用开的一个很好的词，但是也有滥用的现象。

"结合着"跟"一块儿"或"同时"不同。吃消炎片最好同时吃点小苏打，不能说成"吃消炎片要结合着吃小苏打"或"消炎片要和小苏打结合着吃"。小苏打和消炎片同时吃下去，当然可以减少消炎片的一些副作用；可是我们说的时候既然只在于说明需要"同时（或：一块儿）吃"，并没有意思要指出它们的相互作用，所以平常我们总不用"结合着"。同理，"要注意运动锻炼，同时也要注意娱乐休息"，这句话里用不上"结合着"，没有必要说成"要结合着娱乐休息来进行运动锻炼"之类。只有要侧重表现两种事物的内在联系，要把这样两种事物贯穿起来看待、揉合起来进行的时候，才用得着"结合着"。比如，"我们得结合着具体的工作来进行业务学习"这句话，就是有意要说明，具体工作和业务学习这两件事是不可分的，必须注意它们的内在联系，简直得当成一件事情来对待。总之，"结合着"虽然也兼指同时，可是不仅仅指同时；要是我们的意思仅在于指同时，就不要用"结合着"。

★ 白话是比较于文言而言的，没有文言，也就无所谓白话。最早的文言，应该跟当时的白话基本一致。甲骨文、金文、《尚书》之类，可能就是当时的口头语，被记录下来，即白话。但在后人看来，它们同时又是"文言"的始祖。（根据张中行先生《文言与白话》，黑龙江出版社，1988年版）

"结合着"跟"连带（的）"或"附带（的）"更不相同。"结合着"的两样事物没有轻重主从的分别。我们说"甲结合着乙"，并不是说甲是主要的，乙是次要的。"连带的"或"附带的"的事物，一定是比较次要的，至少在说话的那个具体情况之下，说话的人是把它当成次要的来说的。此外，说"连带的"或"附带的"只是说甲事物跟乙事物有些关系，并不在于指明这两样事物有多少不可分离的关系。比如，"今天是讨论本单位工作上的问题，也可以附带的说一说学习上的问题"这句话跟"今天要结合着工作（或：学习）来讨论一下学习（或：工作）上的问题"意思就大不相同。用第一种说法，是说主要的要讨论工作问题，谈一谈学习是次要的，如果时间不够，也可以不谈；用第二种说法就完全没有这样的意思。第一种说法还是把工作和学习当成两件事来看待的，它们中间当然有关系，不过这里并没从它们的关系上来说；第二种说法就指明了这两件事的不可分的关系，而且就是要从这关系上去进行讨论的。

3. 具体

《孟子》❶上有"具体而微❷"的话，那个"具体"是"全体具备"之类的意思，跟我们现在用的"具体"

❶《孟子》：中国儒家典籍中的一部，记录了战国时期思想家孟子的治国思想和政治策略，是孟子和他的弟子记录并整理而成的。《孟子》在儒家典籍中占有很重要的地位，为"四书"之一。

❷"具体而微"出自《孟子·公孙丑上》："冉牛、闵子、颜渊则具体而微。"具：各部分已大体具备；体而微：形状和规模微小。整个形体都已经具备了，只是形状和规模比较微小而已。

含义大不相同。现在用的"具体"是从外国语转译而来的，跟"抽象"相对，所以从前也用"具象"。"具体"就是具有形体的意思；可以看得见、听得见、闻得着、摸得着，换言之，可以由感官感觉接触得到的事物，就是具体的事物。现实环境里实实在在地存在着一些具体的事物，这些事物构成一种情况，这情况就可以说是"具体情况"；能够反映具体情况的一些实实在在的材料，就是"具体材料"。叙述一件事情，说明一种道理，描写一样事物，如果用的都是些具体的材料，我们就可以说"叙述得（说明得、描写得）很具体"，也可以说那些叙述、说明、描写是"具体的"。

concrete 原来有两个意义：一个跟"抽象"相对，一个跟"一般（general）"相对。"具体"本来只表示它的第一个意义。现在有些地方用起来倒也相当接近它的第二个意义。比如我们问一个朋友："你在哪里做事？"他说在中央某部。我们又问："在哪一部门？"他说在某司。我们可以再问："你担任什么具体工作？"这个"具体"就是"实际的"或"特定的"之类的意思，可以说是跟"一般"相对的那个意义。又如一个工作人员向领导说，他的工作中有困难。领导同志问他："有什么具体问题呢？"这个"具体"也是

★ 历史上不断创造文章的格式。其中影响较大的是"四六文"，不仅束缚语言，还束缚思想。例如，《滕王阁序》中有这样的两句："杨意不逢，抚凌云而自惜；钟期既遇，奏流水以何惭"。"杨得意"省略成"杨意"，"钟子期"省略成"钟期"，还用了司马相如和伯牙鼓琴两个典故。这样的文章怎能不难读呢？

近于第二个意义的，领导同志的意思是问有什么特殊的实际问题。这个用法可以算是正确的，不过要是索性用成"实际的""特定的""特殊的"之类，在表达上讲，似乎比用"具体"更明确些。

此外，现在也常常听见"具体的时间""具体的地方""具体的人"之类的说法，这大概是从第二个意义引申比附出来的。比如说："小组会决定在星期六举行。具体的时间和地点另行通知。""我们今天只是一般地检查我们这个单位里工作上的问题，并不是检查具体的人的工作。"第一句的"具体的"代替了"确实的"，第二句的"具体的"代替了"个别的"或"每个"。（第一句里实际上连"确实的"也不必用，单说"时间和地点另行通知"就很好。）这种用法是不妥当的。让"具体"兼代了"实际的""特定的""特殊的"的任务，已经嫌负担重了些，要是再让它兼代"确实的""个别的""每个"的任务，它的负担就要过重了。词的负担一过重，就会模糊起来。用这个词还是严谨一点好。

4. 问题

"问题"现在用得很广泛，可以表示好些个意义。除去"提出问题请人家回答""出几个问题考一考"之

★ 在漫长的六百年间，八股文是中国文官考试的"托福测验"，是一代一代中国青年十年寒窗孜孜研求的"登龙术"。

类的比较原始的用法以外，最常见的用法还有这么几种：

（1）"有问题"（"没有问题""有没有问题？"），如："工作上有问题""时间有问题""这个句子的语法结构有问题""他这个人的思想有问题"，等等。这种"问题"所表示的意义是"困难""不方便""不合适""不妥当""毛病""缺点""错误"等。因为它表示的意义多，所以往往需要有上下文，意思才清楚。比如"工作上有问题"这句话，可能是"工作上有缺点"的意思，也可能是"工作上有困难"的意思，必须有了上下文，才能推断。同样，"这么做没有问题"可能是"这么做没有困难，一定做得成"的意思，也可能是"这么做没有错，可以这么做"的意思。

（2）"成问题"（"不成问题""成不成问题？"），如："找房子成问题""干部的补充成问题""时间成问题"，等等。这种"问题"所表示的意义比较明确，大体上是"不容易""没有把握"之类的意思。

（3）"××（的）问题"，如："时间问题""方法问题""态度问题""思想问题""立场问题"，等等。这种"问题"大体上相当于"有关××方面的事"的意思。比如，"方法问题"就可以说是"有关方法方面

★ 文言实词定义：实词指有实在意义，能够单独充当句子成分，一般能单独回答问题的词语。

的事"。这种用法最容易比附,而比附的结果往往会使话的含义不清楚。比如,"要把工作做好,得注意干部问题",这句话的含义就模糊些,到底指的是"干部的补充、配备",还是"干部的培养、教育",还是"干部的使用",还是包括这些方面在内?

除去以上三种成格式的用法以外,还有些不成格式的用法。比如,"你来,我跟你谈一个问题",这个"问题"就是"一件事"的意思;"这个问题真不好办"的"问题"也是"事"("问题"只能"回答"或"解决",不能"办",能"办"的是"事情");"问题很严重"的"问题",往往指的是"情况"(因为,"问题"有"大"有"小",有"难"有"易",说不到"好""坏"或是"严重""不严重")。

为什么"问题"会用得这么广泛呢?大概正是因为它的含义笼统些,也比较含蓄些。说"有问题"似乎比说"有困难""有错误""没把握"和缓一点。说"××问题",比如前面举过的"干部问题",也比列举"补充、配备""培养、教育""使用"等容易一点。可是笼统含蓄的结果,往往会造成含混,而有些地方是不容许含混的。所以,在需要明确而且可以明确的地方,还是用一些更明确的字眼好。无论如何,我们不

★ 不能充当句子成分的词叫虚词。现在把功能作为主要依据,认为能够单独充当句法成分,有词汇意义和语法意义的是实词,不能充当句法成分,只有语法意义的就是虚词。

能用"问题"来偷懒。

除了上面说的方言土语词、文言词、模糊词之外，还有外来语、专门术语、同行语几个问题，有的在后面各章里会提到，这里就不一样一样地说了。

二 辨 异

辨别词的异同，是选词的基础。特别因为词汇里有一些所谓"同义词"，辨析词的意义和用法，在学习语言、学习写作中更成为一件极其重要的工作。

（一）什么是同义词

"父亲""爸爸""爹""爹爹"这些词的意义完全相同，不过"父亲"带点文言气，"爸爸"是口语，"爹""爹爹"是方言。"聪明""智慧"，意义很相近，但是用法不同，前者是形容词，后者是名词。"规则""规矩"意义和用法都相近，但是都小有区别。这些，习惯上都叫作同义词。

从构词上看，同义词有三种。一种是单音的同义词，如"蠢""笨""傻""呆"；一种是不包含相同成分的多音同义词，如"基础"和"根柢"，"一般脑儿"

* 实词再细分为名词、动词、形容词、数词、量词、代词以及特殊实词；虚词再细分为副词、介词、连词、助词、叹词和拟声词六类。（副词是一种半虚半实的词）

★ 掌握较多的文言实词，
是提高阅读文言文能
力的关键。学习文言
实词，应特别注意它
在语法上的四个主要
特点：通假字、古今
异义、一词多义、词
类活用。

和"统统（通通）"，"扩音器"和"麦克风"；一种是
包含相同成分的多音同义词，如"特点""特色"和
"特性"，"奇怪"和"古怪"，"凉飕飕的"和"凉凉快
快的"。

　　一个词不一定只有一种意义和一种用法，因而
一个词可能跟截然不同的好几个词是同义词。比如
"好"，作形容词，即"坏"的对面的意思时，跟"不
错""美""要得"是同义词；作副词，即"很"或
"真"的意思时，跟"很""真""非常""十分"是同
义词。"活动"作形容词，跟"灵活"是同义词，作动
词时跟"行动""运动"构成另一组同义词。

　　汉语里，一个语素往往能够跟好几个不同的语素
构成不同的词，包含这同一个语素的好些词，不见得
都是同义词，往往分属于不同的几组。比如包含"成"
的词最常用的有"成功""成为""成绩""成果""成
效""成就""构成""组成""形成"等等。就拿这几
个来说，"成功"作动词用是单独的一个。"成就"作
动词用跟"成全"是一组，作名词用跟"成绩""成
果""成效"是一组；其余三个"成"在后的又是
一组。

　　任何语言的词汇里都有同义词。汉语的方言相当

复杂，现在全国统一，交通越来越方便，方言的交流很快，甲方言的某个词，乙方言可能有跟它相近的词，两种方言融合在一块儿的时候，这相近的词可能都保留下来；我们有很丰富的文学遗产，里面保存了古人的语言，其中有许多词流传下来，跟现代口语里的意义相同或相近的词并存；由于社会的变革，语言里产生了许多新词，跟这些新词的意义相近的旧词，有的仍旧存在，并没有根本淘汰；中国是一个有高度文化的国家，人民有多种多样的生产劳动的方式，不同的行业，往往各有或多或少的同行话，甲行话与乙行话之间也可能有些意义相同或相近的词；翻译书籍介绍进来不少外国语言的词，这些词一方面跟我们原有的词可能相近而不尽相同，另一方面，外国语言里的同一个词可能有不同的译法：这些因素，加上汉语构词法的特点，使我们的语言里有了很丰富的同义词。

★ 18个高考文言虚词：而、何、乎、乃、其、且、若、所、为、焉、也、以、因、于、与、则、者、之。

同义词多，表示语言的丰富严密。表达某一个概念，有好几个词供我们选择，这就有可能把意思表达得很确切，很细致，很妥帖。可是要使同义词能够发挥这样的作用，必得好好地掌握。掌握不好，同义词反而成了累赘。当用甲词而用了乙词，意思就表达得不清楚，人家就有可能误解我们。因此前边说，辨

★在文言文中，推敲常见文言实词的含义有以下几种常见方法：

（1）文本迁移法

这一方法需要学习好所学的文言文，能在适合的时候迁移。

（2）事理检验法

通过常识或所学知识推断词语在文言文中的含义，若不能切合常理和事理，就要考虑是否有通假现象。

（3）语境推断法

看实词在文言文中是否符合上下文，切合语境，常见的是实词的褒贬异议。

❶ 原书为"包谷"，后面同。

别同义词是学习语言、学习写作中一件非常重要的工作。

辨别同义词要从它们的来源和用处、它们的意义、它们的用法三方面着眼。下边分别举例说明一下。

（二）来源和用处

有的同义词意义和用法完全相同，只是来源不同，因而使用上也有区别。比如，"玉蜀黍""（老）玉米""苞米""棒子""苞谷"❶，指的是同一种东西，用法也相同——都是名词，不过"玉蜀黍"是个带文言气的词，现在用作学名，"老玉米"是北京口语，其余几个是别的方言（"苞米"是东北方言，"棒子"是华北方言，"苞谷"是西南方言）。类似的同义词很多，如："甘薯""番薯""白（红）薯""山芋""地瓜"，"馒头""馍""饽饽"，"背心""马甲""坎肩儿"，"茶杯""茶碗""茶盅"，"看""瞧""瞅""望""睇"（tei，粤方言），"谈谈""聊聊""唠唠""拉拉""扯扯""摆一摆"（四川方言），"美丽""漂亮""俊""标致""靓"（liàng，粤方言），"他""伊""佢"，等等。

"玉蜀黍"虽然用作学名，但是有些地方的口语里也用。另外有些词只用为科学上的术语，口语里另外有相应的词。比如"三氧化二砷""砒霜"，"氧化钙""石灰"，"颞颥""鬓角"，"腮下腺炎""炸腮"，等等。

翻译的外来词有些译音和译意并行的，也成为同义词，如："麦克风""扩音器"，"米（达）""公尺"。

这类同义词，虽然意义和用法都一样，可是由于来源不同，使用起来也得选择。出于不同方言的同义词，要按照前章提出的原则，尽量选用普通话里的词，只有必要的时候才根据使用方言土语的条件来选用方言的词；一出于文言，一出于口语的同义词，要按照运用文言词的原则来选择；一般的作品里，不宜多用专门术语，不宜使用行话。

不注意区别这类同义词，会造成用词不当的结果。看下面这几个例子：

（1）在裴加病愈之后，第一次到花园去的时候，一切都改观了。

（2）同学们将公式、原子价表写成了标语，贴在宿舍的墙上，以便每天早晚都能和它们打交道。

例（1）是一本少年文艺读物里的句子，在这样的作品里使用"病愈""改观"这类文言词，就不如用

★（4）语法推断法
借助语法知识分析特殊实词的含义。
（5）互文见义法
同义对应和反义对应结构句式相同，可利用上下文的对照来推断。
（6）成语推断法
我们可以在所知道的成语中推断出文言文中实词的含义，看迁入是否顺畅。

"病好了""变了样子"合适。例（2）是叙述同学们的学习方法的，在这样一个句子里用"打交道"这类带有方言色彩的俗语，不如用"接触"妥当。（又，"标语"不妥，该说"像标语似的条子"。）

另一方面，要是充分掌握了这类同义词，写作中往往能收到很好的效果。老舍《龙须沟》❶里那位赵老拿着刀要杀恶霸的狗腿子冯狗子，可是他不说"杀他""打死他"，而是说"我宰了这个王八旦！"连和善的程娘子和二春也喊"宰他！宰他！"对，这里只能用"宰"，不能用别的字眼，只有这个字眼才充分地显出了人民对恶霸的仇恨和鄙视。从这里不难看出掌握同义词的重要。

（三）意义

同义词在意义上有各种区别，最重要的是下列几个方面。

（1）范围大小。比如"房屋""房子""屋子"："房屋"指一切供人居住、使用的建筑物；"房子"一般指一所一所的、包括好几间或好些间屋子、能够配搭各种用处的建筑物；"屋子"指房子里的一间。再比如"性质""品质""品性"："性质"指人或事物的本性本

❶ 话剧《龙须沟》是老舍的代表作之一。剧作完成于1950年，1951年2月由北京人民艺术剧院首演，焦菊隐导演。

质，意义的范围最大；"品质"现在一般只用于人，适用的范围较"性质"小些；"品性"一般只指人在道德方面的修养，意义的范围又比"品质"小一点。

（2）语意轻重。比如，说某人学习的成绩"不错"，显然不如说成绩"好"既肯定又郑重，如果说"优良"，比"好"又重了一点，说"优异"，就更重了。"不好""坏""恶劣"，"进退两难""尴尬""狼狈"，"评论""批评""批判"，每一组在语意轻重方面的区别都是很显著的。

（3）具体和概括。比如"树"指一棵一棵的具体的树，"树木"概括的指一切木本植物。"花"和"花卉"，"鸟"和"飞禽"，"纸"和"纸张"，"船"和"船只"，都有类似的区别。"饭量"是说每顿饭吃得多少，比较具体，"食欲"是说胃口好坏，比较抽象。"长（zhǎng）"指的是生物越过越大，意思上显然比"发育"具体些。"学"和"学习"，"睡"和"睡眠"，"量""称"和"衡量"，每组的区别也属于这一种。

（4）好意和坏意。比如"坚决""坚定""固执""顽固"，都是说抱着一种信念无论如何不放，或是在一条路上走下去无论如何不改，可是前两个指的是牢牢地守着正确的信念或道路，始终不变，是好意

★ 文言虚词是指文言文中的副词、介词、连词、助词、叹词、拟声词。在句子中起辅助作用，没有实在意义，只是帮助把意思表达得更准确、具体、完整。

的，后两个指的是死抓住错的信念或道理，不求改进，是坏意的。"赞美"和"奉承"都是"说别人的好处"，一个是别人真有好处，自己诚心诚意地来说，一个是别人不见得有那种好处，自己假情假意地来说，想要讨人高兴。"谨慎"和"拘谨"，"详细"和"啰嗦❶"，"含蓄"和"含糊"，都有好意坏意的区别。

忽略了意义上的区别，也会产生用词不当的毛病。

（3）我家里一共有六个人口。

（4）在剧烈的体力活动以后马上就吃饭，往往食欲不振……

（5）也有一部分人，在体育活动以后虽然也有适当地整理活动和清洁措施，却仍旧要半晌吃不下饭……

（6）各大工程完成以后，对人民生活有很大的影响。

例（3），"人口"是个所指范围较大、带有集体性的名词，在这里用不上，说"六口人"就对了；例（4），"食欲"用在这里嫌抽象，嫌太概括，说"吃不下去"就行；例（5），"措施"太重了，这里指的无非是揩揩脸、洗洗澡之类，用不着这么重的字眼；例（6），"有影响"有时指不大好的作用，这里应该用一个完全好意的词。

❶ 原书为"罗嗦"，后面同。

26

掌握了同义词在意义上的区别，就能选择最恰当的词来用；有时一个词用得好，就能显出语言的力量。

（7）从挨打那天起，她看见张木匠好像看见了狼，没有说话先哆嗦。

（赵树理：《登记》）

（8）金桂平常很大方，婆婆说两句满不在乎，可是这一次有些不同……

（赵树理：《传家宝》）

（9）他一清早就溜出去，什么事也不管！

（老舍❶：《龙须沟》）

（10）长脖子一面说，一面把篮子放在地板上，挨近炕沿站立着。

（周立波：《暴风骤雨》）

例（7），在这里用"狼"这么个具体的词，比较用"野兽"之类的概括的词要生动有力得多；例（8）的"大方"显然很恰当，要是用个"随便""马虎"之类的词，就不合适了；例（9）的"溜"有偷偷摸摸的、连忙躲出去的意思，在这句带有责备的口气的话里，只能用这类含有坏意的词，不能用"跑""走"之类；例（10），"挨近"足以显出畏畏葸葸的没出息劲

❶ 老舍（1899-1966）：现代著名小说家、文学家、戏剧家，代表作有《骆驼祥子》《四世同堂》等。

是关系明晰。

❶ 高尔基（1868-1936）：
苏联作家，代表作有
《母亲》《童年》《在人
间》《我的大学》等。

1. 词义明晰　高尔基❶说："用普通的明确的话不能表达的东西是没有的。这已由列宁无可辩驳地证明过了。"选用明晰的词，就是要用"普通的明确的话"来表达事物。

照理说，任何事物，只要认识清楚了，想清楚了，就不会说不明白。说不明白，往往是由于没想好。然而，我们也常常看见一些文章里有些说得不明不白的话，话的内容极简单，不会想不清楚的，其所以说得不明白，不是由于事理复杂、不易想、不易说，而是由于作者不肯用"普通的明确的话"来说。看下面这几个例子：

（1）我们很希望读者能多多注意自己所接触到的有教育意义的新人新事，并把它反映出来，或者对于你认为应该批评或改进的事物，提出批评建议，对你不了解或不懂的问题，提出疑问，寄给我们。

（2）没有石油工业，交通运输与各种工业的发展都是不可想象的。

（3）自从中央人民政府成立以来，新中国的卫生防疫工作，已经获得令人难以想象的成绩。

（4）令人兴奋的远景，显明地在人们眼睛看不见的地方存在着。

（5）许多作者都抛弃了对落后的生产工具与生产方法取材的角度。

例（1），在这里说"反映出来"不如直截了当说"写出来"明白。"不了解"和"不懂"没有什么区别，这样两个词并列在一块儿，中间用上个"或"字，这含义让人不了解。"对你不了解或不懂的问题，提出疑问"，也嫌晦涩，不如干脆说成"对你不懂得的事情，提出问题"。例（2），"不可想象"用在这里的含义不明白：是说根本不可能呢，还是说很困难，或者是旁的什么意思？例（3），新中国的各种事业都会有突飞猛进的发展，这是"可以想象"的，说"难以想象"不合适。而且"难以想象"可以指好，也可以指坏，不明确，不如老老实实地说成"已经有了很好的成绩"。例（4），"远景""显明地""在人们眼睛看不见的地方"，这三个说法放在一块儿，使全句含义晦涩。"远景"尽管"远"，应该是看得见的，看不见就不成其为"景"，而且下边还用了个"显明地"，自然更表示看得见，可是紧跟着说"在人们眼睛看不见的地方存在着"，显明地是自相矛盾，一矛盾就让人家不懂。例（5）可以跟高尔基所批评的"我们应该抛弃使讨论非政治化的倾向"那类句子相比。"抛弃……角度"不

* 语素按音节分，可分为：（1）单音节语素；（2）双音节语素；（3）多音节语素。

好懂，"对……取材"也不好懂。

　　所有这几个例子，其所以晦涩不明，都是由于作者没用"普通的明确的话"来说。例（1）是期刊的编者向读者说的，这种话必须说得明明白白。例（2）是对于某一事物（石油工业）的重要性的估计，说明缺少了它就会怎样，这种话自然也是说得越明白越好。我们看下边的例子：

★（1）单音节语素
天、地、人、跑、跳、唱、红、白、民、朋、思……这类语素很多，有上万个。

　　（6）一个报纸既已办起来，就要当作一件事办，一定要把它办好。这不但是办的人的责任，也是看的人的责任。看的人提出意见，写短信短文寄去，表示欢喜什么，不欢喜什么，这是很重要的，这样才能使这个报办得好。

　　（毛泽东：《〈中国工人〉发刊词》）

　　这是向"中国工人"的读者说的。我们看，有多么明白，多么动人！其所以明白动人，正是由于用的是"普通的明确的话"。

　　（7）没有眼睛向下的兴趣和决心，是一辈子也不会真正懂得中国的事情的。

　　（毛泽东：《〈农村调查〉序言》）

　　这句话说得很肯定、有力："没有"什么，就"不会"什么，这里没用"真正懂得中国的事情是'不可想象'的"那类暧昧不明的说法。

不要词令，不转弯抹角，不生造字眼儿，是什么意思就说什么，是怎么想的就怎么说：这是使文章明晰的基本原则。

另外可以提一提的，还有一个参考性的原则：尽可能地运用所指范围较小的词。我们在市场里遇见一位朋友，朋友问："干什么来啦？"如果我们回答："买点东西。"这只是一句敷衍的话，没有回答出什么具体的内容：到市场里来当然是"买点东西"，这还用说吗？如果我们说："买家具。"这句答话就比较明白；要是说："买张写字桌。"这话就十分明白了。区别在什么地方呢？无非是"东西""家具""写字桌"，所指的范围一个比一个小。根据这个原则再来看（1）（2）（3）三个例句，就不难发现，"反映（出来）""不可想象""难以想象"，都是些很概括的、所指范围很大的字眼儿；改成"写（出来）""不可能的"或"很困难的""很好的"，字眼儿所指的范围缩小了，句子的意思也就比较明白了。

这里需要再一次指出："反映""不可想象"等这些字眼儿的本身毫无过失，过失是在作者用这些字眼儿用得不是地方。

（8）一定的文化是一定社会的政治和经济在观

★（2）双音节语素
组成该语素的两个音节合起来才有意义，分开来没有与该语素有关的意义，双音节语素主要包括联绵词、外来词和专有名词。

念形态上的反映……

（毛泽东：《新民主主义论》）

这句话的"反映"就是完全恰当的，因而表达的意思也是十分明晰的。

说到这里可以得到这样一个结论：表达你的意思的最普通、最明确的话是怎么说的就怎么说，表达你那句话里的概念的最具体的（所指范围最小的）字眼儿是什么就用什么。（除非在特殊情况下有意要把话说得概括、含蓄。）

2. **关系明晰**　词跟词组合在一块儿，它们的相互关系必须表现清楚，否则也会使全句的含义晦涩。这跟语法和逻辑的关系自然很密切，可是跟选词也有关系。

词跟词的关系最要注意的有三方面：一是结构上的指代关系，一是结构上的修饰关系，一是各种意念关系。

指代词的所指所代必须明白。下边是指代不明的例子：

（9）哥哥和弟弟在街上走了个碰头儿。他一看见他，立刻就把这个好消息告诉了他。

（10）长沙在衡阳的北边，汉口在长沙的北

★ A.双声，声母相同的联绵词：如琵琶、乒乓、澎湃、鞑靼、尴尬、荆棘、蜘蛛、踟蹰、踌躇、仿佛、瓜葛、忐忑、淘汰、饕餮、倜傥、含糊、慷慨、叮当、蹊跷、玲珑、犹豫等。

边，这是一个很重要的工商业都市。

（11）我们开始进一步研究用百分之百的竹浆制造道林纸，更希望因此引起同志们对竹料的兴趣，以多数人的智力，作精确的试验与研究，发挥它在造纸原料上更大的效果。

（12）开始时，我是认为我的血球的数目是正常的，这对于实验是绝对必须的。

例（9），引言里已经说过，不再重复。例（10），前半段有三个地名："长沙""衡阳""汉口"，后半段的"这"不知指的是哪一个。例（11）的毛病很多，这里所注意的是那个"它"字。"它"前面有六样东西都可以用"它"来代替："试验与研究""智力""兴趣""竹料""道林纸""竹浆"。有人说"它"指"竹浆"，有人说指"试验与研究"。不论哪个说法对，反正都是猜的，不是从句子的本身判断出来的。例（12），"这"的所指不明，从结构上看，可以指"我"的心理基础，即"我是认为我的血球的数目是正常的"，也可以指"血球的数目是正常的"这一条件。究竟何所指，也得猜。

写出来的文章，应该一看就明白，不能叫读者去猜（除非写的是谜语）。上面这四个句子却非猜不可。猜出来的未必是作者的原意；纵然是，读者也难免不

★ B. 叠韵，韵母相同的联绵词：如从容、葱茏、葫芦、糊涂、匍匐、灿烂、蜿蜒、苍茫、朦胧、苍莽、遭遇、啰唆、怂恿、螳螂、桫椤、倥偬、蜻蜓、轰隆、当啷、惝恍、魍魉、缥缈、飘渺、奔拉等。

35

★ C.非双声叠韵联绵词：如蜈蚣、蓊郁、珊瑚、疙瘩、蚯蚓、惺忪、铃铛、奚落、褡裢、茉莉、蚂蝗、窟窿、伉俪、蝴蝶、笊篱、蟋蟀、狻猊、狡猾、蛤蚧、蛤蜊、牡丹、磅礴、提溜等。

放心。这样就违反了修辞学上明晰的原则了。

这类毛病应该怎样避免呢？

"他""这""它"在语法上都叫作"指代词"。指代词所指代的那个词，叫作这个指代词的"前词"（或"前行词"）。修辞学上有一条原则：指代词的前词必须明显。前面那四个句子所以不清楚，就是因为用了前词不明显的指代词。避免这种错误的办法是：没有前词的时候，不要用指代词；前词不明显的时候，宁可把所指代的那个词重复一下。如果能够既不重复又不含糊，当然更好。这并不是说，前面有了不止一个词的时候，后面就绝对不能用指代词。只要让人一看就明白。知道这个指代词指的是谁，也未尝不可以用。比如，"天上有一架飞机，在白云的旁边擦过。它的翅膀上，闪耀着美丽的五星国徽。""它"字前面虽然有四个名词（"天""飞机""白云""旁边"），但是任何人一看就知道"它"指的是"飞机"（"天""白云""旁边"都不会有翅膀，更不会有国徽），所以这个"它"可以用。

句子里修饰语跟被修饰语的关系必须明白。一个词前头有个修饰语，修饰语前头又有修饰语，它们三个的关系究竟是怎样的呢？是第一个修饰第二个，合成的这个词组修饰第三个，还是第一个和第二个并列，都是修饰第三个的呢？可能发生这类歧解的时候，必须设法避免。比如：

> （13）这些热烈的友谊的联欢……
> （14）英勇的战士的朋友……

例（13）有两种可能的解释："热烈的"和"友谊的"并列，都是修饰"联欢"的；"热烈的"修饰"友谊"，"热烈的友谊"修饰"联欢"。例（14）也是同样的情形，可以理解成"英勇的"朋友，"战士的"朋友，也可以理解成"英勇的战士"的朋友。遇见这种情形固然可以借助于顿号，还可以借助于"的""底"的区分。不过这都不是顶好的办法。尤其"的"和"底"，一则现在并不十分通用，再则念在嘴里声音一样。所以要避免误会，还得从词句本身去想办法。比如例（15），如果"英勇的"和"战士的"都是修饰"朋友"的，应该把它们两个颠倒一下，说成"战士的英勇（的）朋友"。（这里也可以提出一个原则：如果一个词有好几个修饰语，（其中表示领属关系的那个不能放在被修饰语）的前面。如"我们（的）伟大的祖国"决不会说成"伟大的我们（的）祖国"。）如果"英勇的"是修饰"战士"的，就不妨把前面的"的"去掉，

★ D.外来词，从汉语以外的其他语种吸收过来的词语。如干部、涤纶、茄克（夹克）、的士、巴士、尼龙、吉普、坦克、芭蕾、踢踏等。

说成"英勇战士的明友"。(形容词后面的"的",并不是绝对需要的,如"红旗""伟大祖国"等。)

句子里有时要用些词语来表明各种意念关系,如时间、数量、比较等等。这种关系必须交代清楚;否则,读者看了也要不懂得。

★(3)多音节语素 主要是拟声词、专有名词和音译外来词。如:喜马拉雅、珠穆朗玛、安迪斯、法兰克福、奥林匹克、白兰地、凡士林、噼里啪啦、淅淅沥沥、马克思主义、中华人民共和国。

(15)1950年我国对外贸易的总值已超过1931年以后的任何一年……

(16)我国用竹造纸,从后汉蔡伦发明造纸方法后,直到西晋时代,就已逐渐采用。

(17)但就从这些小地方,可看出解放二年后农民思想的变化。

这三个句子都把时间观念表现得很模糊。例(15),"1931年以后的任何一年"只说明了时间的起点,没说出止点。从1932年起,一直到无穷的以后,都可以包括在内,"1950年"当然更在里面了。可是1950年的对外贸易总额显然是不会"超过"1950年的。例(16),究竟"用竹造纸"是从蔡伦开始的,还是从西晋时代开始的,还是在蔡伦以后、西晋以前开始的,在这个句子里看不出来。例(17),好像是说"农民思想"在"解放二年后"才开始变化,这显然是不合事实的。这些,基本上都是逻辑方面的问题。不过,修辞学上同样要求把时间关系表现清楚。办法是:

注意"以上""以来""从""到"等等这许多表现时间关系的词。比如，例（15）至少要把"1931年"下面的"以后"改成"到1949年间"。例（16）毛病很大，"从……后""直到""就已""逐渐"这几个虚词一用，使全句的意思不明白，得彻底重写。例（17）的"二年后"应改"两年来"。

（18）就以今年春天黄河结冰坝的事来说吧。今年黄河结的冰坝最大，长达三百余里。

这个句子的比较关系不清楚。"最大"，当然是比较着说的。但究竟是和什么相比呢？是"今年"比"往年"结的大，还是"黄河"比别的河结的大？从"今年黄河结的"这六个字看不出来，也得猜。修辞学上要求把比较的对象说清楚。凡是说"更……""（比）较……""最……"的时候，一定得把相比的两方面或几方面交代明白，除非由上下文可以很清楚地判断出来。

（19）……提高工作效率200％。

究竟是工作效率"增加了"200％，还是"提高到"原来的效率的200％？从这个句子里看不出来。数量关系必须表达清楚，一点都含糊不得，否则说了个数目反而比不说数目更不科学。有些表明数量关系的

＊ 语素按是否能单独回答问题分类，可分为：（1）自由语素；（2）粘着语素。

通的"对待着说，意思含糊，"真正的"用在这里不恰当。例（22）的"产生"应该是"成为"。例（23）说"不能暂时远离学校"，好像是说"能够永远远离学校"，显然不是这样的意思，"暂时"应该改为"一时"或"当时"，放在"不能"前头。

我们常常说，一些写得很好的文章是"一字不易"的，就是说，一个字都改动不得。为什么一字不易呢？正是因为每个字用在那儿都是最确切的。并不是说除了那个字之外再没有别的字可用，而是说在那个地方任何别的字都不如它明白、恰当。

看好的作家——不一定是成名的作家，只要是认真负责的作家——修改过的草稿是很有意义的。从草稿上我们可以看出作家怎样把一个个的字眼儿斟酌了又斟酌，衡量了又衡量，一定要选出在那里表达意思最确切的才满意。"僧推月下门"改为"僧敲月下门"的故事——"推敲"这个词的来源——是大家都知道的。文学创作自然不是只有推敲字眼这么一件事，可是优秀的作家严肃认真地对待词汇，一个字都不肯随便用的精神是值得我们学习的。

选择确切的词，不是字面上的问题，而是思想上的问题。因为，前边说过，词是概念的名称，用词恰

★ 语素按是否有词汇意义分类，可分为：（1）实语素；（2）虚语素。

当不恰当，所表现的是概念明确不明确。用词草率，说明了作者思维的不周密。

（三）简练

当用的词不省，不当用的、不必用的词不用，这就是用词简练的原则。用了多余的词有很多坏处，最起码是多占篇幅，多费人家的时间，有时会使句子含义不明晰，甚至于歪曲了原意，引起人家的误解。

（24）技巧的不够当然是一个原因，但创作态度不够严肃，潦草、马虎也是一个原因。

（25）我国面积幅员很大……

（26）要把年画画好，就不但要懂得大题目，还得必须知道小题目……

例（24），"不够严肃"应该可以包括"潦草、马虎"，"潦草"跟"马虎"在这里的区别不明显。这样三个词一齐用，细心的读者不免要揣测一会儿：作者所说的"不够严肃"，除去"潦草、马虎"之外，还指些什么？"潦草"跟"马虎"有什么不同？例（25），有了"面积"，不必再用"幅员"。例（26），"得"跟"必须"只能用一个词。

（27）他们进城以后，由于在一些非常琐碎的生活问题上，感情发生了破裂。

★（1）实语素
有实在意义的叫作实语素，表示时间、地点、处所等，又叫作词根语素。

（28）通过这次运动会，启发了我们同学的锻炼热情，增强了我们的锻炼信心……

★（2）虚语素
没有实在意义的叫作虚语素，它只表示某种语法意义，又叫作词缀语素，有前缀、后缀（汉语中没有中缀）。

例（27），"由于"和"在……上"用一个就行；例（28），"通过"多余。用了这些多余的词，把全句的语法关系都弄模糊了，意思自然也就不明白。

简练不是从词的数目上看的。不当用而用，一个也是冗赘，应当用的，一连用几个也不多。

当用而不用非但不算是简练，而且会造成意义的晦涩。

简练是跟冗赘相对的，冗赘是写作上的大毛病。这里引托尔斯泰的话作个结束：

无怜惜地删去一切多余的成分，一个多余的字也不要，一个形容词胜于两个；如果可以的时候，把副词和连接词都删了去。

把一切烂污尘芥都扬出去，把水晶体上的瑕斑磨了去，别怕语言是冰冷的，它发着光呢！

第二章 造 句

一 造句的几个基本问题

　　造句的基本原则跟用词一样：要按照大家一致的习惯，造成大家都懂得的句子。

　　要合乎大家一致的习惯，使大家都懂得，自然也牵涉到一些标准问题。首先接触到的还是运用方言土语和文言的可能性和限度。这些在谈用词的时候已经说到过，把那里说的原则引申到造句上来，同样可以适用，所以这里不再重复。要说的还有两个重要问题，一是所谓"口语化"的问题，一是所谓"欧化句法"的问题。

　　★ 词类：有实词与虚词两大类。
　　（1）实词：表示实在的意义，能够作短语或句子的成分能够独立成句。实词分为名词、动词、形容词、数词、量词和代词六类。

（一）口语化

作文章要明白如话，也就是要尽可能地跟我们口头上说的话一样，这就是所谓口语化的根本原则。

作文章应该口语化，已经是完全肯定了的，也是人人都明白了的，近年来大家用"写话"来代替"作文"之类的名称，就是想从名称上来标示出口语化的原则，这些道理不必多说。不过在实际运用上，怎样掌握口语化的原则，也还有几点需要明确一下。

口语化是针对着这三种现象说的：佶屈聱牙的文言腔，矫揉做作、陈词滥调的文章腔，不适当的外国腔。这三种腔调应该反对，是毫无疑义的，因为它们脱离语言实际，让书面语言跟口头语言分家。

所谓作文章要跟说话一样，必须从这个角度上去理解。说得稍微具体一点，就是作文章应该用现在活着的语言，不用死去了的语言；用口头上说的朴素自然的语言，不用只出现在文人笔下、而不出现在人们口头上的、别别扭扭的语言；用民族形式的、或是虽然来自外国但已民族化了的语言，不用生吞活剥的外国形式的语言。这样写出来的文章一定是念得上口，听得入耳的，因而一定是让人容易懂得、容易接受的。

这样我们也就不难明白，口语化所以反对那三

*A.名词：表示人和事物名称的词。表示人的名称，如同志、作家；表示具体事物，河流、高山；表示抽象事物，如政治、科学；表示时间名称：上午、明天、夏天；表示处所名称：上海、中国；表示方位名称：上、下（简称方位词）。

种脱离语言实际的腔调，有它的积极的目的：让人容易懂得，容易接受。既有积极的目的，那就不但有所反对，必然地还得有所要求。要求什么呢？纯洁健康的语言。因为只有用纯洁健康的语言来写作，写出来的文章人家才能懂，才能接受，写作的目的也才能够达到。

语言里也有些行使范围很小的方言、土语、俚语之类，它们的句法往往有些很特殊的地方。无选择的运用这种语言来写作，是不符合口语化的要求的。因为用这种语言写出来的文章不能使大多数的读者明白、接受。

任何民族的口语里头都有些芜杂不纯的东西。把这些东西无限制地运用在写作中也是不合口语化的要求的。因为这些东西会影响了语言的纯洁性，降低了它的力量。

面对面说话的时候，常常是没有准备的，也来不及仔细思索的，因而语法不健全的句子，组织不严密的句子，以至零乱、重复、颠三倒四的地方，都可能有的。口语化要求用口头说的话作材料，经过加工整理来写成文章；口语化绝对不能作为粗糙和混乱的借口。

★ 名词的语法特点：①表示人称的名词，可以在后头加"们"表示多数②方位词常用在其他名词后头，组成表示处所、范围或时间的方位短语③名词一般不受副词修饰。

★ B.动词：是表示动作
行为、发展变化、心
理活动等意义的词。
表示动作、行为：坐、
听；表示存在、消失
或发展变化：有、发
生；表示心理活动：
爱、恨；表示使令：
叫、让；表示可能、
意愿（能愿动词）：能、
会；表示趋向（趋向
动词）：来、去；表示
判断（判断词）：是。

附带要说到，记录口语要用符号——文字。对于
这套符号，我们必须好好地掌握，因为它是代替我们
的口舌来表现我们的语言的工具。汉字这套符号不是
很容易掌握的，它要求我们下点功夫去学习。此外，
现在用的汉字虽然有它的优点，但缺点也很多。主要
的缺点之一是口语里头有些常用的字眼儿，它表现不
出来。在这个问题上，大家曾经提出过好些意见，建
议过好几种办法，比如：用同音字去代替，造新字，
考证那些字眼儿的本字，用汉语拼音字母来拼写。在
一定的条件之下，这些办法都用得，可是也都过分强
调不得。这里不容我们在这个问题上说得太多，不过
有一个原则是需要提出来的，那就是：不论采用哪种
办法，都不能单纯地从主观出发。写文章不是写给自
己看的，而是写给读者看的，并且是要用我们的文章
作武器来宣传真理、批判错误的。那么就连表现我们
文章内容的符号——文字，也必须是于读者有便利的，
于语言的表达和运用有便利的。文字虽然只是工具，
可是我们确实要用这么严肃的态度去对待。汉字须要
改革，须要逐步走上拼音化的道路，这是毫无疑义的。
然而今天我们还在用它，还要让它为我们服务，那就
必须充分地掌握它，爱护它。打个比方：我们能够因

为以后在农业上要逐渐采用机器，今天就不重视我们的锄头、犁耙和耕畜了吗！

简单地总结一句：写文章要用加工提炼过的生动活泼的口语，不用不必要的文言句法，不用做作的文章腔调，不用不适当的欧化句法。

（二）所谓"欧化句法"

适当地吸收外国语语法中能够容纳于本国语、而且于本国语的发展有益的部分，是可以的，必然的，也是应该的。事实上今天的汉语里，来源于外国语的影响而我们逐渐不大觉察的东西，已经相当多了。比较长的句子，比较多的修饰语，比较多的联合成分，特别是运用虚词连接的联合成分，比较多的被动句，这一切都或多或少是受了西洋语言的影响才广泛应用起来的。这类欧化句法，一般是先由翻译作品介绍进来，逐渐影响了一部分人的写作，写作再影响了口语。唯其要经历这么些过程，这中间也就有了选择的余地。凡是能够融合在祖国语言里被大家广泛应用起来的外国句法，一定合乎两个条件：第一，不抵触祖国语言的基本规律，因而尽管开始用的时候觉得不大习惯，但逐渐就会习惯了的；第二，有一定的用处，足以加

★ 动词的语法特点：①动词一般受副词"不"的修饰。②动词后面可以带"着、了、过"，表示动态。③一部分动词可以重叠，表示时间短暂或尝试的意思。④判断词"是"主要是联结句子的主语和宾语。⑤能愿动词后面不能跟名词，能愿动词可以和后面的动词一起作谓语中心语，也可以单独作谓语中心语。⑥趋向动词可以单独作谓语中心语，也可以在谓语中心语后面作补语。

强祖国语言的语法，而不会削弱了它。

基于头一个条件，欧化句法不能是生吞活剥地采用的，必须是灵活地融合在祖国语言的原有规律里的。基于第二个条件，采用欧化句法必须能充分掌握它的规律，充分发挥它的长处，绝不能单单采用了它的形式，而舍弃了它的精神。比如，现在许多人喜欢造些老长老长的句子，这无疑是外国句法的影响。句子为什么会长起来的呢？主要是由于多用了描写性或限制性的修饰语，或是按注性的插语补语，或是表明各种关系的联合成分。用许多这种成分做什么呢？为了把话说得细致些，严密些。要是我们不能掌握长句的结构，丢掉了细致严密这基本精神不管，只管把句子弄得老长，那就毫无意义，不仅不足取，而且是要坚决反对的。

1953年1月号的《中国语文》月刊上曾经用下面这个不妥当的长句子为例，说明不适当的欧化句法的害处：

（1）……并由此推向以提高技术，树立制度，改善方法，改善劳动组织，学习推广先进经验，展开群众性的创造发明和合理化建议，"找窍门"等为主的正常、合理、持久、全面的道路发展。

★ C.形容词：是表示事物的形状、性质、状态的词。
表示事物形状的：高、矮；表示事物性质的：漂亮、结实；表示事物状态的：快、慢。

50

这个例子只是谓语的一部分，已经有 60 多个字，不算不长，可是一则组织并不见得严密，再则跟汉语语法有些抵触。"并由此"承上文连出一个动词"推向"，这类动词一般总是用方位词或处所名词作宾语的（或者解释成"向"加方位词或处所名词作宾语，共同作"推"的补语）。这个例子里却在处所名词"道路"后头又来了个动词"发展"。这样一来，句子的意思也就不明白了。

　　所以我们不能单说欢迎欧化句法，得说欢迎哪种欧化句法，欢迎怎样用的欧化句法；也不能单说反对欧化句法，得说反对哪种欧化句法，反对怎样用的欧化句法。以下几章我们要谈一些实际的问题，里边举的有些长句子、被动式的句子等等，不能不说是相当欧化的，可是那样的欧化句子决不能跟上边举的这种欧化句子相提并论。

　　造句主要是属于语法范围的，所以关于造句的基本问题，只简略地说到这里为止。

★ 形容词的语法特点：①一部分形容词可以用重叠形式来加强语义。②大多数形容词可以受副词"很"修饰。

二 句子的效果（一）——短句和长句

从修辞的角度上看，短句和长句各有优点，各有一定的效用。因此，我们不能机械地说，到底哪种句子好些。然而，这些问题我们必须搞清楚：短句有什么好处，长句有什么好处，哪种情形下宜于用短句，哪种情形下可以用长句，各有什么应该注意的地方。

（一）短句

一般说来，汉语是比较适宜于用短句的。这可以说是汉语的一个特点，因为在汉语里，不用实词的形态变化来表示语法关系，一个句子的语法关系往往靠词的排列次序和虚词来表示。如果一个句子里用了过多的词，它们的次序往往难于安排得好，因而它们之间的关系势必不很容易表明。关系既不易表明，说起来就有麻烦，理解起来也就有困难。所以，我们说话的时候，往往是用只包含几个词的短句，很少用到长句子。

所谓口语化，就是要求文章跟说话一样（至少跟说话差不多）。那么，我们的语言既有那么个特点，于是一般口语化的文章，多用短句，少用长句。

（1）有个农村叫张家庄。张家庄有个张木匠。

★ D.数词：是表示数目的词。
表确数（表示分数，整数和倍数）；表概数：几、许多；表序数：第一、老三、老大。

张木匠有个好老婆，外号叫个"小飞蛾'。小飞蛾生了个女儿叫"艾艾"。算到 1950 年阴历正月十五元宵节，虚岁 20，周岁 19。庄上有个青年叫"小晚"。正和艾艾搞恋爱。故事就出在他们两个人身上。

（赵树理：《登记》）

（2）我出去找事了。不找妈妈，不依赖任何人，我要自己挣饭吃。走了整整两天，抱着希望出去，带着尘土与眼泪回来。没有事情给我做，我这才算明白了妈妈，真原谅了妈妈。妈妈还洗过臭袜子，我连这个都做不上。妈妈所走的路是唯一的。学校里教给我的本事与道德都是笑话，都是吃饱了没事时的玩艺。同学们不准我有那样的妈妈，他们笑话暗门子；是的，他们得这样看，他们有饭吃。我差不多要决定了：只要有人给我饭吃，什么我也肯干；妈妈是可佩服的。我才不去死，虽然想到过；不，我要活着。我年轻，我好看，我要活着。羞耻不是我造出来的。

（老舍：《月牙儿》）

★ 数词的语法特点：①数目增加，可以用分数表示，也可以用倍数表示。②数目减少，只能用分数，不能用倍数。

第（1）例全段 6 句，共 94 字，平均每句 15 字。第（2）例全段 13 句，共 214 字，平均每句 16 字。这是拿字作单位算的，如果拿词作单位，短句子一般不过包含几个词，顶多十来个词。

从修辞的效果上看，短句子的好处是明确，敏捷，有力。因此，不仅轻轻松松地叙述事实，如以上二例，

适宜于用短句，就是表现紧张激动的情绪，或是需要说几句简洁有力的话来肯定点什么或否定点什么的时候，也适宜于用短句。鲁迅的短论里就常常用短小精悍的句子。

（3）写什么是一个问题，怎么写又是一个问题。

今年不大写东西，而写给"莽原"的尤其少。我自己明白这原因。说起来是极可笑的，就因为它纸张好。有时有一点杂感，仔细一看，觉得没有什么大意思，不要去填黑了那么洁白的纸张，便废然而止了。好的又没有。我的头里是如此地荒芜，浅陋，空虚。

（鲁迅：《怎么写》）

第（3）倒全段 7 句，共 114 字，平均每句 16 字。试试看，如果把这段文章的句子改一改，改得每句话包含三五十个字，会不会减损了文章的力量。

（二）长句

然而，前面的一些说明并不等于说汉语里不能用长句子，也不等于说长句子没有好处。

首先，我们可以想一想，句子怎么会长起来的。主要有两个原因：第一，修饰语用得多，句子就长；

> ★ E.量词：是表示事物和动作、行为单位的词。表示事物单位的量词叫数量词。表示动作、行为单位的量词叫动量词。表示事物单位的：个、只；表示动作、行为单位的：次、回，有时也借用某些名词来表示，如：脚、年。

54

第二，联合成分多了，句子也会长。修饰语用得多有什么效果呢？话可以说得细致严密。因为修饰语是用来修饰主语、谓语、宾语等句子成分的；修饰得好，描写就会细致，各种关系（如时间关系、空间关系、因果关系、条件关系，等等）就表现得严密。联合成分多又有什么效果呢？可以把互相关联的事物连缀起来，一气说出，不使语气中断；也就是说，联合得好可以使文章的条理贯通，气势畅达。

这样看起来，长句子的用处也就非常明显了。

（4）这是我们交际了半年，又谈起她在这里的胞叔和在家的父亲时，她默想了一会之后，分明地，坚决地，沉静地说了出来的话。其时是我已经说尽了我的意见，我的身世，我的缺点，很少隐瞒，她也完全了解的了。这几句话很震动了我的灵魂，此后许多天还在耳中发响，而且说不出的狂喜，知道中国女性，并不如厌世家所说那样的无法可施，在不远的将来，便要看见辉煌的曙色的。

（鲁迅：《伤逝》）❶

（5）其实每当他看见别人在田地里辛劳着的时候，他就要想着自己那几块等着他去耕种的土地，而且意识到在最近无论怎样都还不能离开的工作，总是说不出的一种痛楚。假如有什么人关切地问着他，他便把话拉开去，他在人面前说笑，谈问题，

❶《伤逝》：选自鲁迅小说集《彷徨》，是鲁迅唯一以青年的恋爱和婚姻为题材的于1925年创作的男女爱情小说，作者将一对青年的爱情故事放置到"五四"退潮后依然浓重的封建黑暗背景中，透过他们的悲剧命运寓示人们要将个性解放与社会解放结合起来，引领青年去寻求"新的生路"，具有深刻的历史意义。

做报告，而且在村民选举大会的时候，还被人拉出来跳秧歌舞，唱迷胡，他有被全乡的人所最熟稔的和欢迎的嗓子，然而他不愿同人说到他的荒着的田地，他只盼望着这选举工作一结束，他便好上山去，那土地，那泥土的气息，那强烈的阳光，那伴他的牛在呼唤着他，同他的生命都不能分离开来的。

（丁玲：《夜静》）

★ 量词的语法特点：①量词经常和数词连用，组成数量短语，也称为数量启数量词。②表示物量的数量词常用在名词的前面。③表示动量的数量词数量词常用在动词的后面。

第（4）例，全段3句，第一句49字，第二句33字，第三句68字，都算是比较长的句子。拿第一句来看，主语是"这"，"是"是判断动词，后边判断宾语部分的中心词是"话"。除去这三个字以外，中间的46个字都是修饰"话"的。第（5）例，全段217字，一共只两句，第一句69字，第二句148字。也拿第一句来看。开头从"其实"起到"的时候"止是修饰后边的主体部分的。这里边，"在田地里"修饰"辛劳着"，"在田地里辛劳着"修饰"时候"。主体部分是说"他"每当这种时候就"想着"什么，"意识到"什么，感觉到什么。其中，"自己那几块等着他去耕种的"修饰"土地"，"在最近无论怎样都还不能离开的"修饰"工作"，"说不出的一种"修饰"痛楚"。每个修饰语里头又包含着修饰成分。复杂的修饰语使句子长了，也使句子表达的意思细致严密了。从这两个例子里，我们可以多少体会得到这层道理。

　　（6）大姑娘想起娘家的果木园，想起满树红丹丹的果子，想起了在果园里燃着的蒿草堆，想起了往年在果树园里下果子，把果子堆成小山，又装入篓子驮去卖的情形，这都是多么有趣的事呵!

　　　　　　　　　　　　（丁玲:《太阳照在桑乾河上》）

　　（7）原野是静的，远处有一声两声的狗吠，星星在头上闪着忧愁的眼，月亮也时时躲在飞走的薄云里，风仍旧是一阵紧一阵的寒风，枝头夜宿的小鸟，不安地转侧着，溪水汩汩汩地流去，火车的铁轨像无穷尽地延展着，跨过了一条小溪，又一条小溪，转过一个小冈，又一个小冈的。

　　　　　　　　　　　　　　　　　（丁玲:《奔》）

　　（8）那经验十足而没什么力气的却另有一种方法:胸向内含，度数很深;腿抬得很高;一走一探头;这样，他们就带出跑得很用力的样子，而在事实上一点也不比别人快;他们仗着"作派"去维持自己的尊严。

　　　　　　　　　　　　　　　（老舍:《骆驼祥子》）

　　第（6）例是75个字的长句子，主语是"大姑娘"，下面一连串四个联合的谓语，动词都是"想起（了）"。第（7）例也是一句话，共110字，里面包含着8个联合的分句，最后一个分句里又包含了3个联合的谓语。第（8）例全句79字，包含6个联合的分

★　F、代词:起代替或指示作用的词。
　　代词分为人称代词、疑问代词、指示代词三类。

句。联合的分句有的用逗号隔开，如第（7）例，有的用分号，如第（8）例。用逗号比用分号显得分句之间的关系更紧密些。如果改用句号，就把一个长句子分割成几个短句子了。那样也可以，可是读起来情调和气势都大不相同。像这种情形，究竟长句好还是短句好，得看文章的性质和我们所希望达到的效果来决定。要简洁明快，最好分成短句；要气势贯通、一气呵成、委婉细腻，就不妨作成长句。

（三）长短句并用

长句有长句的用处，短句有短句的用处，在写作中，必须按照思想情感的要求来造句。一般说来，在一篇甚至一段文章之中，完全用短句或长句的时候虽然有，但是不太多。较多的是长短句并用。

有的段落开头用一个短句子很肯定地说出一件事，然后用较长的句子来加以申述。如：

> （9）我这次是专为了别他而来的。我们多年聚族而居的老屋，已经公同卖给别姓了，交尾的期限只在本年，所以必须赶在正月初一以前，永别了熟识的老屋，而且远离了熟识的故乡，搬家到我在谋食的异地去。
>
> （鲁迅：《故乡》）

★ 代词的语法特点：① 第二人称的敬称"您"不用于复数，如果需要表示复数，就用"您几位""您诸位"。② 第三人称复数代词"他们"可专指男性，也可兼指男性和女性，"她们"则专指女性。③ 注意"我们"和"咱们"用法的区别。"我们"指说话人，有时也可以包括听话人；"咱们"一定包括说话人和听话人。④ 指示代词"那"用于远指，"这"用于近指。⑤ 代词用得不恰当，指代不明，会造成病句。

有的正相反：先用长句子叙述一些事情，最后用个较短的句子很着力地总结一下。如：

（10）时候既然是深冬；渐近故乡时，天气又阴晦了，冷风吹进船舱中，呜呜的响，从篷隙向外一望，苍黄的天底下，远近横着几个萧索的荒村，没有一些活气。我的心禁不住悲凉起来了。

（鲁迅：《故乡》）

也有的把前面两种办法合起来，开头先用较短的句子总的说一下，然后用较长的句子加以申述，最后再用短句子总括起来。短句、长句交错使用是更常见的。这些，例子很多，不备举。

（四）需要注意的几点

有的作者知道句子太长了不容易读，于是很想多用短句。可是他并没有真正按照说话的情形好好地把句子组织得短些，反而硬用句号把一个句子分割成两个。这种办法是不妥当的。因为这样一分割，句子的结构不完整了，有时甚至会使读者误解或不解。短句必须是结构简单，像说话时用的句子，并不是硬用标点制造出来的。

（11）这是一个痛快的，推心置腹的，家庭般

★（2）虚词是不能单独充当句法成分的词，有连接或附着各类实词的语法意义。根据能同哪些实词或短语发生关系，发生什么样的关系，虚词分为副词、介词、连词、助词、叹词和拟声词六类。

三　句子的效果（二）——次序和语气

句子怎样结构原是语法上的问题。但是有这样的情形：不止一种结构都是正确的，所表达的意思也是大体一样的，只是语气上不同。这时我们就有了选择的余地：选择那种最适于我们文章里所需要的结构来用，以便收到更好的效果。这就是修辞的问题了。

首先是句子里各种成分的排列次序。在汉语里，句子成分的排列次序（一般称为"词序"）是很重要的，许多地方都有固定的不可更易的词序，词序一改变就会使全句改变了意义，甚至丧失了意义。但是也有些句子成分，语法上允许把它们放在不同的位置。遇到这种情形，究竟把这个句子成分放在什么地方，我们就可以从修辞的角度去看。现在择比较重要的几点说一说。

（一）受动者的位置

动作作者叫作施动者，动作的对象叫作受动者。比如"我吃饭"，"我"是施动者，"饭"是受动者。施动者放在动词前头（作主语），受动者放在动词后头（作宾语），是一般的句式。有时，为了使受动者突显，

★ H. 连词：是用来连接词、短语或句子的词。一般连词：和、与、并、或、及；关联词：主要用来连接复句中的分句或句群中的句子。如："不但……而且……""虽然……但是……"。

使全句的语气加重,可以把受动者放在施动者前头,或是施动者跟动词的中间。例如:

（1）这事阿 Q 后来才知道。

　　　　　　（鲁迅:《阿 Q 正传》）

（2）我的铺盖,她给了我。

　　　　　　（老舍:《月牙儿》）

（3）新媳妇哭了一天一夜,头也不梳,脸也不洗,饭也不吃……

　　　　　　（赵树理:《小二黑结婚》）

（4）这些事情,章工作员怎么不知道?

　　　　　　（同上）

（5）这些事我生平都没有经历过。

　　　　　　（鲁迅:《在酒楼上》）

第（1）例,说成"阿 Q 后来才知道这事",在语法上讲,原是正确的,而且全句的意思也一样。区别在原来这个句子的语气重一点,并且很显著的是把重点放在"这事"上。其余几句的情形都一样。

"知道""以为"这类动词的受动者有时是一个主谓词组,说明所"知道"或所"以为"的是怎么回事。有时先把这件事说出来,然后再补说"×知道""×以为"。这时全句的重点便落在这主谓词组上面（底下

★ 连词语法特点:①一般连词的前后两部分可以调换而基本意思不变。②关联词主要在复句中进行运用。

63

有黑点的部分），原来的主语和谓语反而成了补充说明的部分了（底下划直线的部分）。例如：

（6）那个地方不大，他晓得。

（老舍：《上任》）

（7）不但是不错，祥子想，而且是有些英雄好汉的气概……

（老舍：《骆驼祥子》）

（8）"雷峰夕照"的真景我也见过，并不见佳，我以为。

（鲁迅：《雷峰夕照》）

★ I. 介词：介词经常用在名词、代词等的前面，和这些词合起来，表示动作、行为、性状的起止、方向、处所、时间、对象、方式、原因、目的、比较等。

（二）动词谓语的位置和判断句里主语、宾语的位置

用不及物动词构成的叙述句，是主语在前，谓语动词在后。判断句是主语在前，判断宾语在后，中间用判断动词"是"。这两种句子的成分，一般是不大容易移动的；为了把句子的语气加强一些，也只有一些比较简短的句子才能把叙述句的动词谓语提到主语前面去，或是把判断句里主语跟宾语的位置对调一下。

例如：

（9）顺着墙坐着妈妈，身儿一仰一弯地拉风箱呢。

（老舍：《月牙儿》）

（10）这说话的是张正典。

（丁玲：《太阳照在桑乾河上》）

（11）最恼人的是在他头皮上颇有几处不知起于何时的癞疮疤。

（鲁迅：《阿 Q 正传》）

第（9）例，宾语是"妈妈"，谓语动词是"坐着"，"顺着墙"是"坐着"的修饰语。这儿强调了"坐着"这个动作，与"妈妈顺着墙坐着"，表达上侧重点不同，当然效果也不同。其余两个例子是主语和宾语位置对调一下，让"说话的""最恼人的"，作主语，突出了表述的重点。

（三）同位语的位置

同位语一般是紧紧跟在它所补足的词的后面。有时候，为了使这同位语显得突出一点，同时也使句子的主要部分连得密切一点，可以先把句子的主要部分说完，然后再把同位语说出来。此外，甲词作乙词的同位语，照说乙词也应该可以作甲词的同位语，本没有固定的位置，因为两个词既然代表同一样事物，在句子里的语法地位又相同，它们哪个在前哪个在后，对于句子的意义原是没有任何影响的。不过在语气上，

★ 常用介词及其用法（顺口溜）：自、从、以、当、为、按照、由于、对于、为了、到、和、跟、把、比、在、关于、除了、同、对、向、往、朝……用在名词、代词前，组成介宾短语后，修饰、补充"动""形"要记牢。

在重点上，多少也有区别。如果我们以甲词为主，应该用乙词作同位语，放在后头；要是以乙词为主，就应该颠倒一下。

（12）她知道我不能再找她去，她的亲女儿。

（老舍：《月牙儿》）

（13）程仁，那个年青的农会主任，穿一件白布短褂，敞着胸口，光着头，站在桌子前面……

（丁玲：《太阳照在桑乾河上》）

第（12）例是把"我"的同位语"她的亲女儿"移到后面去了。第（13）例，如果把"程仁"作为同位语放在"那个年青的农会主任"下面，在结构上和意义上都跟原句没有区别，只是语气上不同一点。像这种情形，在写作的时候也是应当留心选择的。

（四）联合成分的次序

用连词组合起来的联合成分，有的次序是固定的，不能移动，比如"下雨了，所以我不出去了"不能说成"所以我不出去了，下雨了"；有的不但可以颠倒，而且颠倒了之后对于意义跟语气都没有什么影响，比如"牛和羊是偶蹄类，马和驴是奇蹄类"说成"羊和牛……驴和马……"意思一样；有的次序可以移动，

★ J.助词：附着在实词、短语或句子上面，起辅助作用的词。助词可分三类：结构助词、动态助词、语气助词。结构助词：的、地、得；动态助词：着、了、过；语气助词：的、了、吗、吧、呢等。

移动之后意义没有什么改变，语气可是大不相同，这就需要选择了。现在以用"因为"组成的联合成分作例子，来说明一下这种情形：

（14）祥子不敢说地名，因为不准知道。

（老舍：《骆驼祥子》）

（15）她近来对她二伯父的感情要稍微好一些，因为她觉得二伯父近来已经不那么❶苛刻，很少责怪她，有时还露出了同情的样子。

（丁玲：《太阳照在桑乾河上》）

（16）这回因为我有功，主人夸奖了我了。

（鲁迅：《聪明人和傻子和奴才》）

（17）因为私自减了喜富的赔款，刘广聚由区公所撤职送县查办。

（赵树理：《李有才板话》）

（18）因为消息来得太突然了，她心里不知道哪一头的好……

（丁玲：《太阳照在桑乾河上》）

上面的各句里用"因为"所引接的部分放的地位不同，前两句放在句子的后半，第三句放在中间，后两句放在句子的开头。如果我们要把这些部分搬动一下，可以，无论从语法结构上或是从意义上来看，都是允许的，差别主要是在语气上。大体说来，这一部

❶ 那么，原书中为"那末"。后面同。

★ K.叹词：表示感叹、呼唤、应答等声音的词。如"啊""嗯"等。语法特点：一般独立成句，用逗号或感叹号隔开。

分放在后头的时候，语气比较弱一些，只有附带解释的作用；要是放在前头，这个解释就显得重要得多了。像第（17）例，说成"刘广聚由区公所撤职送县查办，因为（他）私自减了喜富的赔款"，意义跟原句一样，可是在语气上就显得弱了一些，不如原句一开头先把原因说出来而用"区公所"的处置来结束全句那么有力。同样，如果把（16）例改成"这回主人夸奖了我了。因为我有功"，也不如原句更能表现"奴才"的口气。

（五）时间词的位置

表明某点（不是某段）时间的词，一般不是放在动词的紧紧前面，就是放在句子的开头。放在句子的开头，显得这个时间比较重要些。如果既不放在动词前面，也不放在句子的开头，而是放在动词后头的某个地方，这个时间就显得更突出一点。例如：

（19）夜间，我们又谈些闲天……第二天早晨，他就领了水生回去了。

（鲁迅：《故乡》）

（20）二十多年前，张木匠在一个阴历腊月三十日娶亲。

（赵树理：《登记》）

★ 词类：①区分名词和非名词，名词前不能加"不"和"很"。②区分形容词和动词，形容词可以用"很"来修饰，动词前不能加"很"（表示心理活动的动词除外）。③区分形容词和副词，形容词能修饰名词，前面能加"很"；副词不能修饰名词，前面不能加"很"。

（21）过了几天，我的话居然证实了……

（鲁迅：《鸭的喜剧》）

（22）在未选举以前，大家对旧村长有什么意见，可以提一提。

（赵树理：《李有才板话》）

（23）从打那回起，张二坏对萧队长又是怕，又是恨，又奈何不得。

（周立波：《暴风骤雨》）

（24）管账❶的冯先生，这时候，已把账杀好……

（老舍：《骆驼祥子》）

❶ 账，原书中为"帐"。后面同。

（25）一伙一伙的人不觉的就聚在一团，白天在地里，在歇晌的时候，晚上在街头巷尾，蹲在那里歇凉的时候。

（丁玲：《太阳照在桑乾河上》）

　　第（19）到（23）各例句，都是把表明时间的词放在句子的开头的。比如第（19）例，要是改成"我们夜间又谈些闲天……他第二天早晨就领了水生回去了"，意思一样，就是不如原句能够把时间的短暂表现得那么清楚有力。第（24）例是把表明时间的词"这时候"插在句子中间，并且用逗号断了一下，表示说的时候要在这里顿一顿；第（25）例是把时间词放在动词后头的。这两句都使所指的时间显得很突出。

★ ④区分连词和介词，前后能互换的是连词，前后不能互换的是介词。⑤区分动词和介词，作谓语中心语的只能是动词，组成介宾短语修饰、补充动词、形容词的是介词。⑥区分语气助词和叹词，语气助词一般用在句尾，叹词往往独立成句，一般在句首。⑦区分介词和副词，介词后面跟名词、代词，副词后面是动词或形容词。

（六）动词修饰语的位置

表明情状的修饰语，一般总是放在动词的前面。如果把它提到主语的前头去，会使这个修饰语所表明的情状特别显著，连带的使全句的语意上的重点也就落在这个修饰语上。例如：

（26）无论如何，我明天决计要走了。

（鲁迅：《祝福》）

（27）把车放好，他折回到她的门前。忽然，他的心跳起来。

（老舍：《骆驼祥子》）

（28）腿得尽它的责任，走！一气他走到了关厢。

（同上）

（29）很懒的他立起来……走过去帮忙。

（同上）

第（26）例，不把"无论如何"放在"决计"的前面放在句子的开头，使人觉得这"走"的决心更强。同样，第（29）例把"很懒的"放在"他"的前头而不放在"立起来"的前头，也使人更能感觉得到这股"懒"劲儿。

此外还有一种情形。我们先看例子：

★ 短语：是由词和词组合而成的语言单位。分为：（1）并列短语；（2）偏正短语；（3）动宾短语；（4）补充短语；（5）主谓短语；（6）介宾短语；（7）"的"字短语。

（30）仍旧坐在矮的小凳上，她望着院子里的天空。

　　　　（丁玲：《太阳照在桑乾河上》）

（31）躺下，他闭不上眼！

　　　　（老舍：《骆驼祥子》）

（32）扶着棵柳树，他定了半天神……

　　　　　　（同上）

（33）跪上铁索，刘四并没皱一皱眉，没说一个饶命。

　　　　　　（同上）

（34）没有父母兄弟，没有本家亲戚，他的唯一的朋友是这座古城。

　　　　　　（同上）

＊（1）并列短语：由两个或两个以上的名词、动词或形容词等并列组成的短语，基本结构有名＋名、名＋代、代＋代、动＋动、形＋形、数量＋数量。

　　第（30）例，逗号以上的部分本来可以放在"她"字下面，把全句改成："她仍旧坐在矮的小凳上，望着院子里的天空。"像这样的句子，有不同的解释法：有人说它是复句，逗号以上是一个分句，以下是一个分句（主语仍是"她"，省略）；有人说它是个简单句，管"坐"和"望着"叫作连动式；此外还有别的解释法。不论怎样解释，反正"仍旧坐在矮的小凳上"成了句子里的一个主要成分。原句把它抽出来，放在句子的开头，这样一来在形式上和语意上它都近于修饰语了

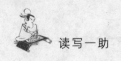

（修饰动词"望着"，说明"望"的情状），不论在语法上管这个词组叫什么，从修辞的效果上看，它放在这个地方的确具有了表现情态的作用。我们读到了这一句，引起的主要印象是："她望着院子里的天空。"怎么"望"法呢？"坐在矮的小凳上"望。如果把这个词组放在"她"字下面，引起的印象是一连两个动作。虽然在实际意义上大体是相同的，可是在意境上、在语气上，却大有区别。

第（33）例，"跪上铁索"也可以放在"刘四"的下面。现在把这个词组一提前，一方面使它更能表现当时的情态，同时也使"跪上铁索"这个动作本身突显了出来，就连下面的"并没皱一皱眉，没说一个饶命"也显得特别生动了一点。

再像第（34）例，如果把全句改成"他没有父母兄弟，没有本家亲戚，唯一的朋友是这座古城"，不但结构正确，而且气势也很贯通，很有排比句的味道。原句把两个"没有……"提前，使"没有父母兄弟，没有本家亲戚"和"唯一的朋友是这座古城"分别突显出来，在语气上是强了些，但在气势上不见得有改成的那样畅达。由此可见，像这种句子里的这种词组究竟放在什么地方合适，完全得根据文章的要求来定。

★ 并列短语特点：①并列短语前后的词性一致。（"名词＋代词"除外）②并列短语两部分之间是平等关系，没有修饰、限制关系。③并列短语中的词一般颠倒过来意思不变。④并列短语中词和词之间可以直接组合，也可以借用虚词组合。

从语法上看，两种放法都是正确的；从修辞上看，各有各的效果。

能够影响句子的语气的，除去词序以外，还有几件事也很值得注意。

（七）肯定和否定

一般说来，"不坏"的意思跟"好"差不多，"不大"的意思跟"小"差不多。差不多并不是相等；既不相等，用的时候也就得选择。用否定的说法，有时比用肯定的说法语意弱些，但也有时反而更强。这，一方面是习惯，一方面也要看用在什么样的上下文里。例如：

（35）他知道江世荣这起人都不是些好家伙，有了事就会把祸害全推在他身上……

（丁玲：《太阳照在桑乾河上》）

（36）村子上的事，看着就这么几户人家，可不容易办咧，啥人都有……

（同上）

（37）你们家的地总算是不少啊！就只平日老实，不是那些横行霸道的……

（同上）

★（2）偏正短语：由修饰语和中心语组成，结构成分之间有修饰与被修饰关系的短语。基本结构：①中心语是名词时，修饰限制成分是定语，用（ ）表示。有如下结构：形＋名、数量＋名、名＋名、代＋名。②中心语是动词或形容词时，修饰语是状语，用〔 〕表示。有如下结构：形＋动、副＋动、数量＋动、副＋形。

（38）他觉得他不能去参加会，简直是很冤屈和很耻辱的。他有什么不对呢？

（同上）

（39）她走了后，她就变成她们谈话的材料，她们说到她的年龄，说到她没父母的可怜，唉，看起来穿得不错，就没有人疼，到现在还没个婆家，还不知道命运怎么样呢！

（同上）

★（3）动宾短语：动词后边带上一个受动词支配的词，组成一个短语，这种短语叫作动宾短语。基本结构：动＋名、动＋代。

（40）房子很好，原来摆设的也是好的，如今却破破烂烂，乱七八糟……

（同上）

第（35）例的"不是些好家伙"并不比"是些坏家伙"的语意弱；第（36）例的"可不容易办"在语意上并不轻于"难办"。第（37）例的"不少"大有"相当多"的意味，不过前面有了个"总算是"，大概也就不是"很多"了。"不是那些横行霸道的"本来并不等于"善良的"，可是前面有了"平日老实"，先把下文的意思冲淡了。这个例子最足以表明上下文如何影响这种否定说法的语意。第（38）例，如果把"不对"改成"错"，嫌重了一点。第（39）例，把"不错"改成"好"嫌重，改成"还好"之类又嫌轻。这些，都可以表现否定说法的效用。第（40）例，上半句说从前，下半句说现在，是前后对照的说法；要是把"很好"和"好的"改成"不坏""不错"之类，未尝不可以，只是跟下面的"破破烂烂，乱七八糟"对照起来，不如用肯定的说法更显明些。这样看来，否定的说法有它的效用，也有它的限度，而肯定和否定哪一种说法重，又得看习惯跟上下文。所以写作的时候，必须细心选择，不能任意乱用。

（八）被动和自动

一般说来，自动句比被动句明确有力些，所以被动句不宜多用。不过在某些情形之下，用被动句也有它的好处。这可以分几点来说。

第一，为了使前后两个分句的主语一样，从而省掉第二个分句的主语使句子简洁紧凑，并且使全句语气贯通，可以把其中一个分句作成被动式。例如：

（41）他的身量，力气，心胸，都算不了一回事，命是自己的，可是教别人管着；教些什么顶混帐的东西管着。

（老舍：《骆驼祥子》）

（42）大男的胳膊给老妇人抱住，不能取那翡翠簪儿。

（叶圣陶❶：《夜》）

❶ 叶圣陶（1894-1988）：现代著名作家、教育家、编辑家、文学出版家和社会活动家。代表作有《隔膜》《线下》《倪焕之》《脚步集》《西川集》《稻草人》等。

很显然，要是把（41）例中被动的"教别人管着"改成"别人管着（自己的）的命"，句子显得又啰嗦又别扭。第（42）例，要是把"大男的胳膊给老妇人抱住"说成"老妇人抱住大男的胳膊"，第二个分句就得添上个主语，句子也显得拖沓别扭了。

第二，有时为了使前后两个句子或两个分句对称，也可以把其中的一个用成被动式。例如：

（43）酒味很纯正；油豆腐也煮得十分好……

（鲁迅：《在酒楼上》）

前一个分句是描写句，主语是"酒味"；后一个分句是叙述句，为了用"油豆腐"作主语，好跟"酒味"对照起来，只有用被动式。要是说成"酒味很纯正；他们把油豆腐也煮得十分好……"，这个句子的对称性就完全破坏了。

第三，以受动作者为主，或是要把受动作者突显出来，而动作的作者不必说出，或不愿说出，或无从说出时，也宜于用被动句。例如：

（44）事情果然办得很快。

（老舍：《骆驼祥子》）

（45）第二天水笔也插起来了。

（赵树理：《李有才板话》）

★ 动宾短语特点：①动宾短语前边的动词直接支配后边的名词、代词，后边的名词、代词受前边的动词的支配，它们之间是支配和被支配的关系。②动宾短语中受动词支配的名词、代词，是宾语。③宾语一般在动词后面回答"谁""什么"的问题。④使用动词短语时，要注意动词和宾语意义上的配合，否则会造成动宾不搭配。

（46）过了几天，地丈完了……

（同上）

（47）而且那村口的魁星阁也确乎已经望得见。

（鲁迅：《离婚》）

（48）老董也被派到里峪去了。

（丁玲：《太阳照在桑乾河上》）

第四，有意表明受动作者不愉快的时候，宜于用被动句。例如：

（49）【顾二姑娘】曾经要求和黑妮一道去识字班，也没有被准许。

（丁玲：《太阳照在桑乾河上》）

（50）可惜正月过去了，闰土须回家里去，我急得大哭。他也躲在厨房里，哭着不肯出门，但终于被他父亲带走了。

（鲁迅：《故乡》）

（九）问句的语气

汉语里的问句有各种形式。除去用疑问词（如"什么""谁"等）和重叠谓语、中间加"不"字（如"去不去""好不好"）的问句是纯粹问问题的以外，还有些形式不仅表示疑问，而是兼带着表现别的语气的。

★（4）补充短语：包括动补短语和形补短语两大类。语法特点：①在动词、形容词后面起补充、说明作用的成分是补语，用〈〉表示。②这类短语的中心语在前，前后两部分是被补充和补充的关系。③补语在动词或形容词后边补充说明怎么样、多久、多少等问题。④有的补语前头常用结构助词"得"。

例如:

（51）人家吃烙饼有过你的分？你喝的不是稀饭？

（赵树理：《李有才板话》）

（52）他早走了。没有回家？

（周立波：《暴风骤雨》）

（53）你不养活马，是不乐意出官车吧？

（同上）

（54）大哥，是发疟子吧？

（老舍：《龙须沟》）

（55）这儿不是谁都可以说话吗？

（同上》

（56）你不是说开会不抵事吗？

（赵树理：《传家宝》）

（57）我说什么来着？赵大爷也这么说不是？

（老舍：《龙须沟》）

（58）干吗不好好的干呢？我有志气，有力量，年纪轻！

（老舍《骆驼祥子》）

（59）你是不是穷人长了个富心？

（周立波：《暴风骤雨》）

★（5）主谓短语：由主语和谓语构成，主语在前，谓语在后，两部分关系是陈述与被陈述的关系。基本结构：名（代）+动、名（代）+形、名（代）+疑问代词。特殊的有：名+名，如"今天星期一"；名+数量，如"纸三张"。特点：①主谓短语前边的词表示"谁"或"什么"，后面的词说明前边的词"怎么样""干什么"或"是什么"。前后两部分是被陈述和陈述的关系。②使用主谓短语加上语气，书面上加上标点就是一个单句，表达的意思是完整的。

（60）你是不是又在这儿欺负他呢？

　　　　　　　　（老舍：《方珍珠》）

（61）你看不起蹬三轮的，是不是？

　　　　　　　　（老舍：《龙须沟》）

（62）是这样不是？副所长？

　　　　　　　　（同上）

（63）你有天大的本事，是我爸爸教给你的不是？

　　　　　　　　（老舍：《方珍珠》）

　　在这些问句之中，有的表示质问，如第（51）例；有的表示诧异和怀疑，如第（52）例；有的表示原已知道或已猜出，如第（53）（54）例；有的含蓄了另外的问题在里面，如第（55）例就含有"为什么不许我说话呢？"之类的意思。其余没说到的那些例句，都是在问之外，还表现着别的语气的。问句既可以用不同的形式表现不同的语气，在写作的时候究竟用哪一种形式恰当，也就需要注意挑选。

　　总起来说，在写作的时候不仅要注意句子的结构对不对，还要注意句子所表现的语气合适不合适。语气不合适，尽管句子是对的，尽管意思上大体也不错，可是会削弱文章的力量，有时甚至也会引起一些误解。

*（6）介宾短语：由介词和它的宾语构成的短语。基本结构：介词＋名词、介词＋代词。语法特点：①介宾短语在句子中作为一个整体充当句子成分。②介宾短语在主语中心语前作状语，在谓语中心语后面作补语。③介宾短语有时也作定语，后头必须带"的"。

有关语气的问题当然不止这些，这里说的只是比较重要的几点。更全面、更深入地了解这个问题，还有待读者在阅读写作中随时留心。

四 句子的效果（三）——对偶、排比和重复

（一）对偶

旧社会里很多地方流行着这么一句谚语："穷人饿断肠，富人胀破肚。"我们管这种话叫作"对子"。日常谈话里用对子的时候也很多。描写某人勤劳，说他"起五更，睡半夜"；形容某人贪图享受、不肯劳动，说他"好吃、懒做"：这些都是对子。

所谓对子就是用结构类似的甚至完全相同的一对句子或是一对词组，来表达一个意思的两面，或一个意思的两个层次，或两个相对的意思：修辞学上叫作"对偶"。对偶的主要功用是借助整齐对称的形式和谐调匀称的音节把相对的两部分突显出来，使它们互相补充或互相映衬，来加强语言的感人效果。

从前作古文的人，有时特别喜欢用对偶，甚至不管意思上需要不需要，硬把一句话拆成相对的两句，

★（7）"的"字短语：由动词、形容词、动宾短语加上"的"构成。基本结构：动词＋的、形容词＋的、动宾短语＋的。特点：①"的"字短语在句中相当于一个名词。②"的"字短语一般常作主语、宾语。

或是把三句才说得清楚的话硬凑成一个对子。对的时候又特别讲究，不但字数绝对要一样多，而且一定得实字对实字，虚字对虚字，平声对仄声，仄声对平声。这样就成了无聊的文字游戏，失去作文的意义了。因此，后来有人反对用对偶。其实，要不要对偶，应该由文章的内容来决定。意思上不需要对，就不必勉强去对；需要对，对一对也好；不过用不着那么执意求工就是了。

(1) 过去的新诗有一点还跟旧诗一样，就是出发点主要的是个人，所以只可以"娱独坐"，不能够"悦众耳"，就是只能诉诸自己或一些朋友，不能诉诸群众。

(朱自清❶：《论朗诵诗》)

(2) 可是做工是昼夜无休息的：清早担水晚烧饭，上午跑街夜磨面，晴洗衣裳雨张伞，冬烧汽炉夏打扇。

(鲁迅：《聪明人和傻子和奴才》)

(3) 惨象，已使我目不忍视了；流言，尤使我耳不忍闻。

(鲁迅：《记念刘和珍君》)

(4) 两眼下视黄泉，看天就是傲慢，满脸装出死相，说笑就是放肆。

(鲁迅《忽然想到〔五〕》)

❶ 朱自清（1898-1948）：现代著名散文家、诗人、学者。主要散文作品有《匆匆》《春》《欧游杂记》《你我》《绿》《背影》等，著有诗集《雪朝》（与人合著），诗文集《踪迹》，文艺论著《诗言志辨》《论雅俗共赏》等。

例（1）里"只可以'娱独坐'"和"不能够'悦众耳'"，"只能诉诸自己或一些朋友"和"不能诉诸群众"，是成对的两个词组，在意义上讲是一个意思的两面。例（2）里前两个分句成对，后两个分句成对，而每个分句里又各自包含成对的两部分；意义上都是互相补充的，四个分句连起来的意思无非是说"一年四季，不论晴天下雨，都得由清早工作到深夜"。以下两个例子里成对的部分都很清楚，不再详说。

★ 句法是研究句子的个个组成部分和它们的排列顺序。句法研究的对象是句子。

（二）排比

把对偶扩大一点，不单是用结构类似的句子或词组作成一对，而是作成一连串，就成了"排比"。一串互相排比的句子，或是一个包含排比成分的句子，在作用上不再是使两层意思互相映衬或补充，而是要求得气势的贯通，把一串有关的意思一口气说出，来加强语势，有时更分别轻重，一层层地深入下去，使读者得到的印象一步比一步强烈。在形式上讲，只要结构类似就可以排比得起来；不像对偶，虽不必太求工整，但总得尽可能的整齐匀称。

（5）这回在北京的演讲和募捐之后，学生们和社会上各色人物接触的机会已经很不少了，我希望有若干留心各方面的人，将所见，所受，所感的都写出来，无论是好的，坏的，像样的，丢脸的，可耻的，可悲的，全给它发表，给大家看看我们究竟有着怎样的"同胞"。

(鲁迅:《忽然想到〔十一〕》)

（6）你们是那么平凡，那么朴实，那么纯真，而且那么谦虚。……唯其平凡，你们更能获得别人的敬爱；唯其朴实，你们才能够把全中国人民的命运跟你们自己的结合在一起；唯其谦虚，你们在做过了那么多的工作以后还能够保持你们的纯洁。

(巴金❶:《一封未寄的信》)

❶ 巴金（1904-2005）：现代著名文学家、翻译家，代表作有《家》《春》《秋》等。

（7）你们给一般在黑暗中过惯的人，指示了一条光明的路，你们把疯瘫的人扶起来，你们鼓舞起懦弱者的勇气，你们使愚昧的人了解生存的意义。你们安慰寂寞的心灵。你们用歌把人们的心连在一起，你们用戏教育了他们，你们用知识来减轻他们的痛苦，你们用善良和诚恳获得了他们的信任。

(同上)

例（5）里有两串排比的成分，第二串是由三组对偶构成的："好的"和"坏的"，"像样的"和"丢脸的"，"可耻的"和"可悲的"。例（6）的第一句有四个排比成分"那么平凡""那么朴实""那么纯真""那么谦虚"，第二句包含着三个排比的分句。例（7）也有两串排比的成分：第一句和第三句各包含着四个排比的分句。

排比的成分大都是一些联合成分。联合成分用得多，往往会使句子长起来。因此，使用排比时要注意到长句的规律。此外，如果排比的成分是些句子，中间的标点符号也值得注意：要它们连接得紧凑，可以用逗号；要它们稍为隔离一点，读起来多停顿一点，可以用分号；要它们各自独立，显得简洁明快一点，也可以用句号。（以上各点请参看第二章）

（三）重复

一般说来，文章里应该避免重复。因为重复会使文章显得啰嗦、软弱。但有时为了要特别强调某一点，也可以有意地把这一点反复的讲，把它深深地打进读者的印象里去。还有时，为了在文章里创造一种沉郁的、不舒畅的气氛，故意用些重复的笔墨使气势憋闷。鲁迅的名句"在我的后园，可以看见墙外有两株树，一株是枣树，还有一株也是枣树"就是这第二种重复的典型例子。不过这种重复不是常常用得到的，我们这里不多讲它。

为了特别强调某一点而重复，往往和对偶或排比的句法配合运用。一般的对偶里是不用相同的词语的；如果用了一部分相同的词语，就成了重复。这种重复

★（1）单句分类：按句子结构分为主谓句和非主谓句；按句子的用途或语气分为陈述句、疑问句、祈使句、感叹句。

84

往往是为着使两层意思显著的互相映衬而用的。

（8）你们是年青的，从出生的年月计算，你们的确是年青的。然而看你们额上的皱纹，我知道你们已经走过很长很长的艰苦的道路了。看你们的安静的微笑，我知道你们已经做过很多很多的有成绩的工作了。

（巴金：《一封未寄的信》）

（9）"我们"替代了"我"，"我们"的语言也替代了"我"的语言。

（朱自清：《今天的诗》）

（10）真的猛士，敢于直面惨淡的人生，敢于正视淋漓的鲜血。

（鲁迅：《记念刘和珍君》）

这几个例子都是在对偶里使一部分词语重复的，效用都在使相对的两部分很显著的互相映衬，借以强化语势，强化给读者的印象。

前面说过，我们现在用对偶并不强求工整，因而一般的对偶里也常有重复的词语（这在严格的对偶里是不许可的），比如例（3）的"使我"，就是重复的部分。所以，无论从形式上或意义上看，对偶和重复有时是不易分辨的。

重复也常和排比一块儿用。效用与对偶里使用重

★（2）单句的成分：主语、谓语、宾语、定语、状语、补语。

复的词语大体相同。

（11）到暑假，毕业的都走散了，升学的还未进来，其余的也大半回到家乡去。各样同盟于是暂别，喊声于是低微，运动于是消沉❶，刊物于是中辍。

（鲁迅：《忽然想到〔十一〕》）

（12）朗诵诗是群众的诗，是集体的诗。

（朱自清：《论朗诵诗》）

（13）所以思想性不是硬借来的，不是可以套用的，不是可以假装的，也不是忽然就有了的。

（同上）

（14）我知道你们不怕艰苦，不怕繁重，不怕危险，你们只怕把工作做得不好。

（巴金：《一封未寄的信》）

（15）笔者过去也怀疑朗诵诗，觉得看来不是诗，至少不像诗，不像我们读过的那些诗，甚至于可以说不象我们有过的那些诗。

（朱自清：《论朗诵诗》）

应注意的是，凡是重复的词语，照句子的语法结构看，也可以不重复。换言之，重复好还是不重复好，主要的要看我们希望收到怎样的效果。比如，单说语法给构，例（11）可以改成"……于是各样同盟暂别，喊声低微，运动消沉，刊物中辍"，例（12）的第二个

❶ 消沉：原书为"销沈"。后面同。

★（3）分析步骤：第一步，理解句意分主谓，先把句子一分为二，分成主语和谓语，一般是主语在前，谓语在后；第二步，找宾语，有的句子有，有的则没有，动词支配的对象就是宾语；

"是"，例（13）的后三个"不是"，例（14）的第二个和第三个"不怕"，例（15）的第二个"不像"，也都可以不用。但是把这些词语重复一下，在修辞上就收到了一些效果，主要的是使这些联合成分分外显得重要（而且是同等的重要），在音节上也分外显得顿挫有力。

如果我们需要这些效果，重复是可以的，甚至是必要的；如果不需要，就不必重复，甚至不应该重复。

前边说过，排比的效用之一是用类似的结构把一串意思按照轻重排列起来，一层比一层深入地说下去，使读者得到的印象也跟着一步比一步强烈。这样的排比有的有重复的部分，有的没有。

（16）读《钢铁是怎样炼成的》，决不是要从书里学习如何用手摸字去写作，值得人们学的是保尔·柯察金这个伟大的人物的心灵，是他的精神，是他的钢铁般的意志。

（丁玲：《要为人民服务得更好》）

（17）工作需要你们，人民需要你们，新的中国需要你们，新的时代需要你们。

（巴金：《一封未寄出的信》）

（18）它们滑下溪水，转入大河，流进赣江，挤上火车，走上千里迢迢的征途。

（袁鹰❶《井冈翠竹》）

❶ 袁鹰（1924— ）：当代著名作家、诗人、散文家。诗集有《江湖集》，儿童文学作品有《丁丁游历北京城》，散文集有《第一个火花》《第十个春天》《天涯》《运行》《京华小品》等。

（19）希望是附丽于存在的，有存在，便有希望，有希望，便是光明。

（鲁迅在北京女师大学生会的演讲）

例（16）的"心灵""精神""钢铁般的意志"，可以说是一个比一个重；例（17）的"工作""人民""新的中国""新的时代"也可以说是一个比一个重，一个比一个大；例（18）"滑下溪水""转入大河""流进赣江""挤上火车"是先后接续的层递关系。例（19）又是一种特殊的含有重复部分的排比。特点是每一排比部分的开头，就是重复前一部分的，而每一段排比的部分在意义上又深进了一层。这种排比，也有单独列为一类的。

★ 第三步，压缩句子找中心语，中心语是受修饰、补充或能支配宾语的主干成分；第四步，找定语、状语、补语。定语到主语中心语的前边和宾语中心语的前边去找，状语在谓语中心语前面，补语在谓语中心语后面。常用分析单句成分的符号见课本。

最后，还有一种情形也值得注意：重复或排比的部分不是在一个句子里或相连的句子里，而是散在文章的前后，用以互相呼应、互相联贯的。比如《老舍选集》的《自序》，第一段的开头说："论篇数，此集只选了旧作小说五篇……"，接着第二段的开头是"论体裁……"，第三段的开头是"论时期……"，第四段的开头是"论技巧……"，第五段的开头是"论语言……"，第六段的开头是"论内容……"。还有，像这种重复或排比不必一定像上例那么整齐，有时只是

大体近似，在结构上并不完全一样。比如赵树理的
《也算经验》，第二段说他怎样取得写作的材料，结尾
时说："……要说也算经验的话，只能说'在群众中工
作和在群众中生活，是两个取得材料的简易办法'。"
第三段说他怎样决定主题，结尾时说："……假如也算
经验的话，可以说'在工作中找到的主题，容易产生
指导现实的意义'。"第四段说他用怎样的语言写作，
结尾时说："这些就是我在运用语言和故事结构上所抱
的态度，也可以算做经验。"这三个结尾，结构虽不完
全一样，然而大体相近。这种重复的效果在于用大体
类似的结构来表明文章的层次，和前后的呼应，使读
者由形式的近似引起关于内容的联想，因而易于掌握
住全文的脉络。适当地运用这种方法，可以使文章的
条理显得清楚，并且便于理解和记忆。

★ （4）句子主干：是指
把定语、状语、补语
压缩后剩下的部分，
即由主语的中心语，
谓语的中心语和宾语
的中心语组成。摘取句
子主干时，谓语中心
词前有否定词语（不、
没、没有）的句子，要
把否定词语放在主干
中；碰到中心语是并列
短语时，要把整个并列
结构摘出来。

第三章 修 饰

一 打比方

家里有个孩子很淘气，一天到晚爬上爬下，东摸摸，西弄弄，一会儿都不闲着。妈妈对别人发孩子的牢骚说："我那个孩子太顽皮了，活像个猴子。""活像个猴子"就是平常所说的"打个比方"，修辞学上管这类比方叫作"譬喻"或"比喻"。

（一）为什么要打比方

"顽皮"是个笼统的字眼儿。好跳跳蹦蹦，好说话，好打架，好哭，好闹，都是顽皮。所以，单说个

"顽皮"还不能使人家意会得很真切。那么仔细说说他顽皮的情形嘛，又太费话。这时就用得着比方了。猴子是大家所熟悉的一种动物，它的特点是好动，一会儿都不闲着，动作灵敏，擅长攀登，还最好摹仿，看见人作什么，它也要学着作，常常给闯下乱子。"活像个猴子"五个字，就这样把孩子顽皮的情形说出来了。话很简单，意思却很丰富，让听的人觉得生动鲜明，象亲眼看见了一样。

　　说明一种事物，最要紧的是说得具体。因为听话的人一面还得意会，还得想象。如果我们说得太抽象，用了许多笼统的形容词之类，人家听起来就觉得模糊，意会起来，想象起来就觉得困难。可是要说得很具体，往往得说许多话，容易显得啰嗦，而且枯燥无味，有时候说了半天还是说不完全。这时，如果能找出一个贴切恰当的比方，问题马上就解决了：既省了话，又帮助了人家理解和想象。中国人是非常会用比方的。我们人民大众的口语里，有各式各样的打比方的话，最有名的所谓"歇后语"，其中大部分就是极生动的比方。具体、活泼、优美、富于幽默感，而且简练经济，这是我们汉语的特点。善用比方，是构成这些特点的主要原因之一。

★（1）如何区分单、复句：①复句的分句间互不为成分，这是区分单、复句最重要的一点。复句的分句之间结构上互不包含，就是说互相不作句子成分，没有句子成分之间的结构关系，这是复句的本质特征，也是复句和单句的最根本的区别。②不能看只有一个主语就断定不是复句。

（二）怎样打比方

说明了打比方的用处，也就不难知道它的办法了。打比方为的是让人家容易理解，容易想象。那么就必然得用具体的作比，去说明或描写抽象的；用大家所熟知的作比，去说明或描写大家所不熟知的；用浅显的作比，去说明或描写比较深奥的。

（1）但是我们揭发错误、批评缺点的目的，好像医生治病一样，完全是为了救人，而不是为了把人整死。

（毛泽东：《整顿党的作风》）

（2）这人的像貌不大好看，脸像个葫芦瓢子，说一句话映十来次眼皮。

（赵树理：《李有才板话》）

高生亮看见一个年纪二十四五岁的强壮小伙子，用他那双粗得像马后腿一般的胳膊，举起那具连枷使劲往下打……

（欧阳山❶：《高乾大》）

❶ 欧阳山（1908-2000）：现代作家，著有作品《玫瑰花残了》《英雄三生》《前程似锦》《一代风流》《三家巷》等。

例（1），"医生治病"的目的是大家所熟知的，拿这来比"揭发错误、批评缺点"的目的，听的人就容易理解。例（2），"不大好看"就是"丑"，这是笼统抽象的形容词；"葫芦瓢子"是极常见的具体的东西，听的人容易想象。例（3），单说"粗"，粗到什么程度呢？"马后腿"具体的把粗的程度比了出来。

用具体的、浅显的、大家所熟知的来作比，这是打比方的基本原则。

（三）比些什么

打比方最常用的办法是用某种具体的东西来描写另一种东西的形象，并且表现出这种形象所显示的品质。

（4）他确乎有点像棵树，坚壮，沉默❶，而又有生气。

（老舍：《骆驼祥子》）

（5）那群坦克活似受了惊的土鳖，乱动乱爬。

（杨朔：《金星奖章》）

（6）半截黑塔似的丁虎子一步站了出来："周队长，我在头里！"

（徐光耀：《平原烈火》）

例（4），"他……像棵树"，是用"树"来比"他"的形象。这种形象显示些什么呢？作者已经说出来了："坚壮""沉默""有生气"。例（5），"受了惊的土鳖"是用来比方敌人的坦克车队的形象。"受了惊的土鳖"这种形象显示些什么呢？愚蠢而慌乱。例（6）用"半

★ ③凡是一个主语管几个动词，只要中间用逗号或分号表示停顿，又互不做成分，就是复句。④有些关联词既可以用在复句的不同分句中，也可以用在单句中。如：只有热爱工作的人，才能热爱生活。（单句）

❶ 沉默，原书中为"沈默"。后面同。

截黑塔"比"丁虎子"这个人的形象，显示出他的粗壮威武。

和这种比方属于一类的还有：用一种声音比另一种声音，用一种气味比另一种气味，等等。总之，都是诉之于感官的。如"远处的炮声像雷似的响起来了""硫化氢的气味很像臭鸡蛋"。

还有一种打比方的办法，是用一样东西的某一点特性来比另一种东西。

（7）他凸出眼珠，好像要化为枪弹，打了过去的样子。

（鲁迅：《写于深夜里》）

"枪弹"一"凸出"来就是要打敌人的，现在"他"的眼珠也充满了敌意，凸了出来，仿佛就要化为枪弹，打了过去。

用一种环境里的情景来比另一种环境里的情景，也是常用的办法。

（8）林小姐猛一跳，就好像理发时候颈脖子上粘了许多头发似地浑身都烦躁起来了。

（茅盾：《林家铺子》）

（9）校长先生的声调显得非常关切，怜悯的眼光透过大圆眼镜落在王先生的不很自在的脸上，好像面对着一个淘气而不见得可厌的孩子。

（叶圣陶：《一篇宣言》）

★（2）复句的类型：主要有并列、递进、选择、转折、因果、假设、条件这几种类型。判断复句关系，关联词很重要，有一个顺口溜把难记的、易混的整理在一块，请牢记。

（10）"骆驼！"祥子的心一动，忽然地他会思想了，好像迷了路的人忽然找到一个熟识的标记，把一切都极快地想了起来。

（老舍：《骆驼祥子》）

（11）卫老婆子仿佛卸了一肩重担似的嘘一口气……

（鲁迅：《祝福》）

（12）老头便疯也似的追出去……

《丁玲：《太阳照在桑乾河上》）

例（8），"理发时候颈脖子上粘了许多头发"的确会使人"浑身都烦躁"，简直要烦躁得跳起来，现在"林小姐"就是这样。例（9）用"面对着一个淘气而不见得可厌的孩子"时的情景来说明"校长先生"的神气。例（10），走迷了路一着急，好像脑袋里空空的，什么都不记得了，这时忽然发现了一个熟识的标记，比如路边的一棵树，于是猛然间什么都又想了起来。这种情景是很容易想像的。"祥子"现在的情景就是这样。例（11），"嘘一口气"有各种嘘法，"卫老婆子"当时嘘气的情景是像"卸了一肩重担"时的情景。例（12），"老头"追的情景象"疯"时那么冲动。

用一种事情的道理，来比另一种事情的道理，也是一种比方。用得好，最容易帮助人家理解。

★ "不是……而是……"是并列，"不是……就是……"是选择，"尚且""何况"是递进，"尽管……还……"是转折。"既然……就……"是因果，"即使……也……"是假设，"无论""除非"和"不管""只有""只要"是条件。

95

★（3）二重复句：结构上有两个层次的复句。组成主要有三种情况：单句＋复句、复句＋单句、复句＋复句。划分步骤：先看有几个分句，关键是看有几个主谓结构；找准句子的第一层。总之，要一直分析到所有的分句都是单句为止。

（13）射箭要看靶子，弹琴要看听众，写文章做演说倒可以不看读者不看听众么？我们和无论什么人做朋友，如果不懂得彼此的心，不知道彼此心里面想些什么东西，能够做成知心朋友么？做宣传工作的人，对于自己的宣传对象没有调查，没有研究，没有分析，乱讲一顿，是万万不行的。

（毛泽东：《反对党八股》）

（14）我们曾经说过，房子是应该经常打扫的，不打扫就会积满了灰尘；脸是应该经常洗的，不洗也就会灰尘满面。我们同志的思想，我们党的工作，也会沾染灰尘的，也应该打扫和洗涤。

（毛泽东：《论联合政府》）

（15）文艺是言语的艺术，因此言语是必要的工具。你总要能够采择言语，驾驭言语，造铸言语，自由自在地把言语处理得来就像雕刻家手里的软泥，画家手里的颜料一样，才能够成功。

（郭沫若：《如何研究诗歌与文艺》）

（16）譬如一个初学绘画的人，由于对生活不熟悉，先练习写生是必要的，因为这对于他将来创作是一种基础。同样，一个文学写作者，先学写真人真事也是必要的，特别是非工农出身而又对工农及其生活还不十分熟悉的作者，先多写些真人真事也是非常必要的……

（萧殷：《泛论写真人真事》）

例（13）用"射箭""弹琴""交朋友"这几件事情

96

的道理，来说明"做宣传工作""演讲""作文章"要先了解对象。例（14）用"打扫房子""洗脸"的道理，来说明为什么要运用批评与自我批评的武器来提高我们的思想和工作。例（15），雕刻家对于软泥，画家对于颜料，都得操纵运用得非常熟练，然后才能作出好雕刻，画出来好画儿；那么作家也必得把语言操纵运用得极其熟练，才能写得出好作品。例（16）用初学绘画需要先练写生的道理，来说明初学写作需要先写真人真事的道理。

（四）怎么连起来

不论哪种比方，总是用一种事物来比另一种事物。这两种事物怎么连起来相比呢？最普通的办法是用"像"这类的词。前面举的十三个例子里就有"像……""好像""就像……""好像……一样""就像……一样""好像……的样子""像……一般""就好像……似的""……似的""……也似的""仿佛……似的""譬如……同样……"这么些不同的连接词语。

大略分析起来，有的用"……似的""像……似的""（像）……一样的"作成名词的修饰语，直接放在被比的事物前面，如例（6）；有的用"像……"这

★ 找准句子第一层的方法：①找统领全句的关联词语。看关联词统领的范围，看关联词覆盖到哪儿。②从分句间的松紧关系看，松的就是第一层。③复句中有分号的地方往往是第一层。

97

类动宾词组，紧跟在被比的事物后面，如（2）（4）两例；有的用"像……似的（地）"作成词组，来修饰被比的动作或情况，如（7）（8）（11）（12）（15）各例；有的用"像……（一样）（一般）的"作动词或形容词的补语，如例（3）；也有的用"好像……"等作成一个完整的分句，如（1）（5）（10）（16）各例。用一种事情的道理来比另一种事情的道理，往往不用连接词语，直接把比方和被比的两件事用分句的形式放在一块儿（一般的情形是先说比方，再说被比的），如（13）（14）各例。

"像"的本身还可以用上各种修饰语，来表现这个比方的分量或相似的程度，如"好像""就像""活像""真像""很像""简直像""有点像""非常像"等。

（五）需要注意的几点

打个比方，看起来好像并不难；要比得好，可也不容易。例如，咱们要用一样东西作比，来描写另一种东西的快。快的东西多得很，究竟该用哪个呢？这得好好儿选一选。

（17）包车踏铃不断地响着，钢丝在闪着亮。

★ 修改病句

（1）句子成分残缺：句子缺少了应该具备的成分，影响了意思的表达，就成了一种结构不完整的病句。常见的成分残缺通常有主语残缺、定语残缺、中心语残缺等。

还来不及看清楚——它就跑得老远老远的了，像闪电一样快。

（张天翼❶：《华威先生》）

（18）战士们的三只小船就奔着东南方向，箭一样飞去，不久就消失在中午水面上的烟波里。

（孙犁❶：《荷花淀》）

（19）……她们摇的小船飞快。小船活像离开了水皮，一条打跳的梭鱼。她们从小跟这小船打交道，驶起来就像织布穿梭，缝衣透针一般快。

（同上）

例（17）是用"闪电"来比"包车"的快（这个"包车"还有发亮的"钢丝"），因为"闪电"是"来不及看清楚"，"就跑得老远老远的"。（18）（19）两例都是说船的快，但是一句用"箭"作比，一句用"织布穿梭，缝衣透针"作比，因为前者是战士的船，是"奔着东南方向"，而后者是女孩子们的船，是在水面上来来回回跑的。这样比方，是不是都很恰当？如果把这三个比方调换一下，你看那要比成什么话了？这也就是说，打比方得用点心思，比得贴切，决不能随便抓个比方来就算数。

如果一个画画儿的人说，"配颜色真麻烦，像作化学实验一祥，拿着几样东西在那里配来配去，配不

❶ 张天翼（1906-1985）：现代著名作家，代表作有童话《大林和小林》《宝葫芦的秘密》《秃秃大王》，小说《华威先生》《鬼土日记》等。

❶ 孙犁（1913-2002）：现代著名小说家、散文家，被誉为"荷花淀派"的创始人。代表作有《荷花淀》《芦花荡》《白洋淀纪事》《度春荒》等。

读写一助

好就出毛病。"这个比方就不大妥当。读者们对于"作化学实验"不一定比画画儿更熟悉，拿它来打比方，并不能帮助人家想象和理解。"他像过了电一样，全身都麻木了。""过了电"并不比"全身麻木"更具体，也并不是大家都有过的经验——说这话的人自己，大概就没有这种经验，因为"过电"是"麻"而不"木"的。

同样性质的或者相同的地方很多的两种东西，不宜互相作比。例如"这间房子很像个饭厅"，这个比方就不大好。"饭厅"是"房子"的一种，当然是同样性质的东西。"这间房子"什么地方"像个饭厅"呢？很大？还是桌椅很多？还是里面放了些吃饭用的家具？人家想不出来。这类比方最好不用，如果非用不可，也得把相似之点说出来，如"这间房子里横横竖竖的摆了许多方桌，很像个饭厅。"可是相比的两样东西如果并没有一点十分相似的地方，也比不出什么道理来。"各炮齐鸣，炮弹像刮大风样的倾泻到店村敌人的阵地"，这是拿"刮大风"和"炮弹掉到敌人的阵地"来相比的。但是这两件事有什么相像的地方呢？尤其是再用了个"倾泻"，就更不对了，因为"大风"是不会"倾泻"的。这样，我们可以得到一个结论：相比的两

★（2）句子成分搭配不当：主语和谓语的搭配，要注意谓语能不能正确的陈述主语；动词和宾语的搭配，要注意动词表示的动作行为能否支配宾语表示的事物；修饰语和中心语搭配，要注意对中心语的修饰是否合适。

样东西，最好是本质不同而有一点（并且只有一点）是非常相似的。从前常用"虎背熊腰"作比，来描写武士。"武士"的背腰和"虎""熊"的背腰是不同的，人家不会以为"武士"的背上和腰上长满了花毛和黑毛，唯一可能相像的只有"粗壮有力"那种形象。所以，这类比方是可用的，甚至都用成了成语。可是老用现成的比喻也不行。一个比喻无论多么贴切，用滥了也就失去作用了。这就要求我们从两方面来用心：既不能随心所欲地乱造奇特的比方，又不能老用陈旧的比方，也就是说，既要运用想象，创造新鲜的比方，又要老老实实，创造平易贴切的比方。

　　此外，还要留心一点。用来打比方的本物，除去和被比的事物有相似的地方以外，一定有许多不相似的地方。如果不相似的地方很多，很显著，而且可能引起不正确的想象，这个比方也就用不得。一个正常的聪明人，不应该比成一个"狐狸"，因为"狐狸"给人的主要印象是"狡猾""阴险"。口语里有个常用的比方，"死马当作活马医"，意思是"明知希望很小，姑且尽人事来试一试"。如果一个人的母亲病重了，他对医生说，"死马当作活马医，您给开个方子试试吧！"这个人恐怕是很缺少教养的。

★（3）语序不合理：汉语的各种句子成分的排列次序是比较固定的，如主语在谓语前头，宾语、补语在动词、形容词后头，定语、状语在中心语前头，几个递加的定语、状语也有一定的排列顺序。

二 进一步的比方

　　工人戴的一种帽子叫"鸭舌帽"，煤矿里用的一种锄叫"鹤嘴锄"。有一种花的名字叫"鸡冠花"，一种草的名字叫"含羞草"。在修辞学上讲，这些名称都是些比方。"鸭舌帽"就是"（帽檐）像鸭舌似的帽子"，不过把"像……似的"省掉了而已。其余的三个，也是同样的。"有什么话就干脆说什么话，别那么吞吞吐吐的"。"干脆""吞吞吐吐"也是比方。两个坏人勾结起来做坏事，我们说他们是"狼狈为奸"；工作人员不热情、没有责任心，敷衍搪塞，我们说他是"做一天和尚撞一天钟"。这些，也都是比方。"狐假虎威""根深蒂固""各人自扫门前雪"，和前面这几句属于一类。就连一些政治思想方面的名词，也是用打比方构成的，如"尾巴主义""关门主义"等等。

　　这种比方有一个特点，就是省去了"像""似"之类的词，直截了当把打比方的和被比的事物连在一块儿，甚至单说个比方，连被比的部分都略去不管了。这样一来，比方的作用当然就更进了一步，更直接了一点，也更经济了一点。这种比方，有的修辞学书上叫作"隐喻"和"借喻"；上一章说的用"像""似"等

★ 这种比方有一个特点，就是省去了"像""似"之类的词，直截了当把打比方的和被比的事物连在一块儿，甚至单说个比方，连被比的部分都略去不管了。

102

词的比方，就叫作"明喻"；合起来都叫作"比喻"或"譬喻"。

（一）干脆说"是"，不说"像"

隐喻的普通形式是说"甲是乙"，不说"甲像乙"。例如：

> （1）树缝里也漏着一两点路灯光，没精打彩的，是渴睡人的眼。
>
> 　　　　　　　　　　（朱自清《荷塘月色》）

> （2）它是站在海岸遥望海中已经看得见桅杆尖头了的一只航船，它是立于高山之巅远看东方已见光芒四射喷薄欲出的一轮朝日，它是躁动于母腹中的快要成熟了的一个婴儿。
>
> 　　　　　（毛泽东：《星星之火，可以燎原》）

> （3）我只觉得自己是座没有爆发的火山……
>
> 　　　　　（闻一多❶：《给臧克家先生》）

例（1）"渴睡人的眼"是无精打彩的，从树缝里漏出的路灯光是昏暗的，因此用"渴睡人的眼"来比喻很恰切。现在不说"像"而说"是"，在语气上更肯定，更能帮助读者想象和理解。没用"像"这类词，而"像"的意思却隐含在全句里，所以叫作隐喻。例（2），全句是一连串三个隐喻，例（3）也是个隐喻。

❶ 闻一多（1899－1946）：现代著名诗人、学者、民主战士，著有诗集《红烛》《死水》。

隐喻有一种倒装法：把本来作比方的事物当作主体来说，而把本来的主体放在比方的位置。这样，比喻的力量更强了一点，意思也更深进了一层。不过，这种比喻只能在适当的地方偶然一用，用得不好，会使人费解的。

隐喻也常常用成语或比较普通的典故：

（4）我心里全明白，就是胳膊拧不过大腿去！

（老舍：《龙须沟》）

（5）"什么好劳动？男人有男人的活，女人有女人的活，她那劳动呀，叫我看来是狗捉老鼠，多管闲事！……"

（赵树理：《传家宝》）

（6）简体字本来没有权威性的规定，你不简的我可以简，你简的我可以不简，你可以那样简，我可以这样简，简体字层出不穷，人人都成了仓颉（传说里创造中国字的圣人）。把中国字的已经相当混乱的局面弄得更加大乱而特乱。

（吕叔湘❶：《中国字》）

"胳膊"的力量小，"大腿"的力量大，两个"拧"起来，总是"胳膊"吃亏。这样打个比方，也比说成"就是抵抗不了"更加生动。以下两句的比方，都是同样的性质。例（5）是用歇后语打比方；例（6）是用

❶ 吕叔湘（1904-1998）：现代著名语言学家、语文教育家，代表作有《中国文法要略》《语法修辞讲话》（与朱德熙合著）。

传说典故打比方。

打这类比方，不一定非用"是"字不可，和"是"有类似作用的字也行，例（6）就是用的"成了"。下面我们再举两个例子：

（7）如果我们连党八股也打倒了，那就算对于主观主义和宗派主义最后地"将一军"，弄得这两个怪物原形毕露，"老鼠过街，人人喊打"，这两个怪物也就容易消灭了。

（毛泽东：《反对党八股》）

（8）要问白洋淀有多少苇地，不知道；每年出多少苇子，也不知道。只晓得每年芦花飘飞苇叶黄的时候，全淀的芦苇收割了，垛起垛来，在白洋淀周围的广场上，就成了一条苇子的长城。

（孙犁：《荷花淀》）

肯定的说法可以打比方，否定的说法也可以打比方。

（9）因此我要强调这一点，思想与创作方法必须一致，作为一个作家必须把思想、生活、创作打成一片。人不是照相机❶，不能说毫无主观便可以把客观世界忠实地摄取得下来。就是照相机也还须得有人调度，如无人调度，根本不会发生作用，调度不良也必然要生出歪曲。人是照相师和照相机合为一体的，分不开来，照相师糊涂了，照相机会自

★（4）句式杂糅：不同的句式可以表达相同的意思，但每次表达只能使用一种句式。把两种说法，两种句式杂糅在一起，往往会造成结构上的混乱。

❶ 照相机：原书为"照像机"。

105

动地产生优秀的作用吗？这是不可能的事。

（郭沫若：《如何研究诗歌与文艺》）

例（9）先用一个否定的隐喻（"人不是照相机"），来说明作家不能像照相机似的那么"毫无主观"，只管把"客观世界"摄取下来；然后再用一个肯定的隐喻（"人是照相师和照相机合为一体的"），来说明"作为一个作家必须把思想、生活、创作打成一片"。像这种否定的比方和肯定的比方交互使用的办法，在说明事理的文章里往往能收到很好的效果。

明喻不大适于用否定的说法。因为，说"不是甲"，就隐含着"是甲的对面"的意思；字面上是否定的，可是含义是肯定的。"不像甲"，却并不能肯定的暗示出"像什么"，所以它的确只有否定的效用，并不能给人一个积极的肯定方面的印象。"请客吃饭"是件文绉绉的事，"革命不是请客吃饭"，那么革命当然就是一件不文绉绉的事。如果说成"革命不像请客吃饭"，最自然的是先引起这么一个问题："那么革命像什么呢？"所以，尽管否定的明喻在适当的地方也可以用，究竟效果要差一点。用的时候，也得特别当心：如果它只能否定，不能肯定，还是以不用为宜。

（二）连"是"都不用

比隐喻更进一步的比方，就连"是"字都不用了，干脆把被比的事物当作打比方的事物来说，或是干脆只说打比方的事物，却把被比的事物本身省去。例如：

（10）我猜他把那封信总该看了几十遍，每个字让他嚼得稀烂，消化了。

（叶圣陶：《春联儿》）

★（6）其他情况：指代不明、误用词类、重复啰嗦、滥用否定词、用词不当。

吃东西的时候，我们总是来回咀嚼，嚼上好多遍，一直把它嚼得稀烂，然后咽下去，消化了。现在"他"看"那封信"，就像吃东西一样，来回"看了几十遍"，背得透熟。前面这个句子，就是这么个比方——拿吃东西时的咀嚼来比他反复仔细看信的情景。可是"吃东西"这回事根本没说，直截了当就说"每个字让他嚼得稀烂"。这样打比方，当然比隐喻又进了一步，又直接、经济了一点。这就是有些修辞学书上所说的"借喻"。下面也是用借喻的例子：

（11）……脑子给古今各种马队践踏了一通之后，弄得乱七八糟❶，但蹄迹当然是有些存留的，这就是所谓"有所得"。

（鲁迅：《人生识字胡涂始》）

❶ 乱七八糟：原书为"乱七八遭"。

"古今各种马队"：像马队似的古今各种书籍。

（12）你们是年青的，从出生的年月计算，你们的确是年青的。然而看你们额上的皱纹，我知道你们已经走过很长很长的艰苦的道路了。

（巴金：《一封未寄的信》）

"走过很长很长的艰苦的道路"：遭遇过许多艰难困苦，像走了很长的艰苦道路似的。

（三）联合的比方

为了发挥得透彻，让人家更容易理解想象，隐喻、借喻和明喻可以联合起来运用。

（13）我只觉得自己是座没有爆发的火山，火烧得我痛，却始终没有能力（就是技巧）炸开那禁锢我的地壳，放射出光和热来。

（闻一多：《给臧克家先生》）

"自己是座没有爆发的火山"是隐喻，以下接着这个隐喻，用借喻的说法把上文的意思补充发挥出来。

（14）"人说你是'小飞蛾'，怎么一见了我就把你那翅膀搭拉下来了？我是狼？

（赵树理：《登记》）

"你是'小飞蛾'"是隐喻，"就把你那翅膀搭拉下来"是借喻，"我是狼？"又是隐喻。

比喻可以用来构成修辞上的其他形式。如：

★ 修辞：修饰文辞；作文；亦指文辞。"修"是修饰的意思，"辞"的本来意思是辩论的言词，后引申为一切的言词。修辞本义就是修饰言论，也就是在使用语言的过程中，利用多种语言手段以收到尽可能好的表达效果的一种语言活动。

（15）我很悚然，一见她的眼盯❶着我，背上也就遭了芒刺一般，比在学校里遇到不及预防的临时考，教师又偏是站在身旁的时候，惶急得多了。

（鲁迅：《祝福》）

"遭了芒刺一般"是个明喻。以下用比喻来作比较，是一种联合的修辞方式。

（四）逻辑问题

从字面上看，隐喻和借喻的说法是不合逻辑的。"我"怎么会是"火山"呢？"信"上的"字"怎么能"嚼"呢？字面上不合逻辑的说法而能成为很好的修辞手段，是因为这样说的时候，人家一听就知道是打比方，不但不会引起误会，反而能加强效果。从逻辑的观点看，我们也并不否定隐喻和借喻，就是这个道理。那么，显然的，能不能让人一听就知道是打比方，正是判断是不是好的隐喻或借喻的主要标准。

从原则上讲，隐喻、借喻和明喻的条件是一样的。不过明喻里有"像"一类的词，明明白白的是打比方，比方打得不好，人家不容易理解想象，可是根本错解的可能比较小。隐喻和借喻里没有这类字眼儿，弄不好，轻者是让人家完全不懂，重者是使人彻底错解。上次我们说"这间房子很像个饭厅"不是个好比

❶ 盯：原书为"钉"。

★ 汉语"修辞"这个词语，最早见于《周易·乾·文言》的"修辞立其诚，所以居业也"一语中。在这句话里，"修辞"是"修理文教"的意思，与人的修业有关，不是今天"修辞"这个词的意思。在现代汉语里，"修辞"这个词从字面讲，可理解为"修饰言辞"，再广义一点又可理解为"调整言辞"。

方；如果说成"这间房子是个饭厅"岂不更糟？所以，前次所说的打比方的那些条件，用隐喻和借喻的时候，更得特别注意。至于那些条件既已说过，这里就不再重复了。

（五）关于事理的比方

比喻是个很广泛的字眼儿。这两章说的打比方，就包括了两类：一类是用一种事物来比另一种事物的形象、声音、气味、情景等；另一类是用一种事情来比另一种事情的道理。这两类打比方的办法，显然有点区别。有的修辞学书上管前一类叫作比喻，管后一类（用事理打比方的）叫作"讽喻"。关于讽喻，这里需要补充说明一下。

一般的比喻总是把相比的两样事物一齐说出来，不是说"甲像乙"（明喻）就是说"甲是乙"（隐喻）。讽喻却多半是先把一件事说出来，然后再把另一件事说出来，既不说"甲像乙"，也不说"甲是乙"，让读者自己去体会两件事情在道理上的相似处。

（16）这是五四运动后，提倡了妇女解放以来的成绩。不过我们还常常听到职业妇女的痛苦的呻吟，评论家的对于新式女子的讥笑。她们从闺阁走

* 修辞，狭义上指语言文字修辞；广义上包括文章的谋篇布局，遣词造句的全过程，同时也包含语言文字修辞。

110

出，到了社会上，其实是又成为给大家开玩笑，发议论的新资料的。

　　这是因为她们虽然到了社会上，还是靠着别人的"养"；要别人"养"，就得听人的唠叨，甚至于侮辱。……

　　……拿一匹小鸟关在笼中，或给站在竿子上，地位好像改变了，其实还只是一样的在给别人做玩意，一饮一啄，都听命于别人。

　　　　　　　　（鲁迅：《关于妇女解放》）

　　这后面的一段就是个讽喻，拿鸟的情形来说明当时（1932年前后）所谓妇女解放的不彻底。

　　（17）赶大车的老孙头的那个小组五个新会员，都是赶大车的。鲤鱼找鲤鱼，鲫鱼找鲫鱼，一点也不假。

　　　　　　　　（周立波：《暴风骤雨》）

　　"鲤鱼找鲤鱼，鲫鱼找鲫鱼"也是个讽喻，用以解释为什么老孙头那个小组里的新会员都是赶大车的。

　　有时，甚至只说打比方的事，由读者自己去悟解其中的道理。而这道理的本身，却干脆不提。

　　（18）忘记是谁说的了，总之是，要极省俭地画出一个人的特点，最好是画他的眼睛。我以为这话是极对的，倘若画了全副的头发，即使细得逼真，也毫无意思。我常在学习这一种方法，可惜学

★ "修辞"从概念讲，有三重含义：
一指运用语言的方式、方法或技巧规律（即"修辞手段"）；
二指说话写作中积极调整语言的行为活动（即"修辞活动"）；
三指修辞学或修辞著作。

不好。

（鲁迅：《我怎么做起小说来》）

在谈做小说的文章里说到画人只要画眼睛，无疑是说在写作时只要找出重点，找出关键来写，不必东拉西扯，样样都写到。这里就是只用了个讽喻，而要说明的道理本身，却含蓄在这个讽喻里，并没说出来。

如果打比方的这件事是一个完整的故事的形式，有头有尾，而说这故事的目的不只在于说故事，并且要用这个故事去暗示一种道理，这就成了所谓"寓言"。我们的民间故事里，有许多聪慧的寓言；有的是些很好玩的小故事，平常也叫作"笑话"。

> （19）这人在说黑瞎子拔苞米的笑话："他拔两个棒子，夹在腋下，完了伸手又去拔两个，胳膊一松，头里夹的两个掉下了，又夹两个新拔的。这么拔一宿，完了还是不多不少，夹着两个棒子走。"
> （周立波：《暴风骤雨》。按："黑瞎子"即"熊"，"苞米""棒子"即"玉蜀黍""一宿"即"一夜"：这些都是东北方言。）

这是北方——特别是东北——人人都知道的一个小故事，从这个故事里我们可以体会到一种道理：贪多务得而不能把握已得的果实，是一种很愚蠢的行为。学习时，这个道理尤其值得注意。

★ 三重含义既不完全相同，但又有密切的联系。即修辞规律存在于修辞活动中，修辞规律和修辞活动都同是修辞学研究的对象。

（20）我梦见自己正在小学校的讲堂上预备作文，向老师请教立论的方法。

"难！"老师从眼镜圈外斜射出眼光来，看着我，说，"我告诉你一件事：——

"一家人家生了一个男孩，合家高兴透顶了。满月的时候，抱出来给客人看，——大概自然是想得一点好兆头。

"一个说：'这孩子将来要发财的。'他于是得到一番感谢。

"一个说：'这孩子将来要做官的。'他于是收回几句恭维。

"一个说：'这孩子将来是要死的。'他于是得到一顿大家合力的痛打。

"说要死的必然，说富贵的许谎。但说谎的得好报，说必然的遭打。你……"

"我愿意既不谎人，也不遭打。那么，老师，我得怎么说呢？"

"那么，你得说：'啊呀！这孩子啊！你瞧！多么……啊唷！哈哈！Hehe！he，hehehehe！'"

（鲁迅：《立论》）

鲁迅写这篇文章的时间是 1925 年。从这个小故事里，我们可以窥见当时社会上那种浮薄虚伪的风气，和毫无言论自由、不能说真话的情形。

不论讽喻或寓言，作用都是在以间接的方式说明一种道理，使读者容易体会想象，并且可以促使读者

＊ 修辞的这三重含义表现在话语中就是：
①把这个意思表达出来应该用什么修辞才好呢？（修辞方法）
②我最不会修辞，你别问我。（修辞活动）
③李老师是专门研究修辞的。（修辞学）
④小张买了一本《修辞》。（修辞著作）

自己去思索揣摩。在从前封建专制的社会里，人民没有言论的自由，心里有话不敢直接说出来，所以寓言在那时特别有用。今天不同了，我们有话不但可以说，而且社会要我们有话就说。从这一方面讲，现在运用寓言之类的写法，必须有积极的、正确的目的，比如启发儿童的想象力，帮助读者意会想象，加强说理、议论的力量，等等。用的时候，还必须清晰明白，绝不能晦涩暧昧，让人看不懂。

（六）歇后语

口语里有一种很巧妙的修辞方法，通常叫作"歇后语"，也是一种打比方的说法。歇后语是由前后两部分构成的，前半是一个比方，后半是这个比方的解释。平常说话的时候，也可以单把前半截的比方说出来，把后半截的解释省去，让听话的人自己去体会。歇后语这个名称大概就是这么来的。例如：

（21）这是千里送鹅毛！

　　　　　　　　　　（老舍：《方珍珠》）

（22）郭主任是茶壶里煮饺子，肚里有，嘴上倒不出。

　　　　　　　　　　（周立波：《暴风骤雨》）

★ 修辞与一个民族的文化传统有密切的关系。受汉民族文化传统的影响，汉语修辞中大量用"比"，用得既多且广；汉语修辞以整齐、对称为主，以参差错落为辅；汉语修辞有虚写和实写之分，在语言表达中有意识地运用虚实观点，取得某种效果，这是汉语修辞的又一个特点。汉语修辞古今一贯的主导思想是要为表达内容服务。

（21）是只说了前半截，后半截是"礼轻人意重"，省去了。给人送礼物的时候常这样说，意思是"礼物很轻微，可是心意很诚恳"。（22）是两半截都说了的，意思是"肚子里有话，嘴上说不出来"。

歇后语流行很广，样式很多，用得好可以显出口语的优美活泼的特色。不过旧社会流传下来的不少的歇后语是带有封建迷信色彩的，也有的庸俗粗糙，所以运用歇后语的时候得好好地选择。方言色彩太浓的歇后语在一般的写作里也不宜多用。

不论是哪种比方，最要紧的得生动新鲜。我们所以要打比方，为的是让人容易懂，愿意听，好增强我们说话的效果，决不是要炫耀技术，夸示博学。如果打出来的比方不好——或是太生僻，让多数的人不懂；或是不新鲜，叫人觉得庸俗；或是不够贴切，帮助不了人家理解想象；甚至显示不出是个比方，叫人家错解了我们的意思——那就弄巧成拙，反而降低了效果，甚至收到了负效果。这样就不如不比的好。而且，就是好比方，用得太多也不行：至少是显得太花巧，弄不好还会显得太累赘。叫人觉得花巧，一定就不够亲切；累赘，让人听了腻烦。总之，作文章要处处为读者着想，打比方尤其如此。

★ 汉语的语素以单音节为主，词以单音节和双音节为主，而汉语又是非形态语言，没有词形变化的约束。

115

三　换一个名字

朋友之中，有时互相不喊名字，而喊"绰号"（即"外号"或"混名"）。老张很胖，朋友们可以喊他"张胖子"；老李身材高大，大家可以喊他"李大个儿"。这是日常谈话里很普通的现象。取"绰号"不止这一种方式，办法还很多；不止人可以有绰号，事物也可以换一个名字来叫。比如"绍兴""高粱"都是酒的别名，前者是出产某种酒的地方，后者是做某种酒的原料；平常说话时，往往就拿这个地方的名称或原料的名称来代替了那种东西（酒）的名称。

"换一个名字"的办法，在语言里应用很广，所以修辞学上把它列为一类——有的书上称为"借代"。

（一）和打比方不同

打比方一定是用一种事物来比另一种事物。不论是明喻、隐喻或借喻，反正得有两种事物，否则就无从比起。至于换一个名字的办法（即所谓借代），却只有一种事物，不过没把这事物的名字直接说出来，而是另外取了个名字，或是把它的名字略微改动了一点或精简了一点而已。例如：

> ★ 这两个特点，决定汉语修辞具有以下特征：①语言单位组合灵便。②非常容易组合成音节数目相同而结构上平行的语句，通常称为对偶，并且很容易押韵。大量运用整齐押韵的语言结构是汉语修辞的特色之一。

（1）今天我得了个讯，三角眼要下你的手！

（茅盾：《腐蚀》）

（2）不过黄山谷虽然不好懂，宋诗却终于回到了"做诗如说话"的路，这"如说话"，的确是条大路。

（朱自清：《论雅俗共赏》）

（1）的"三角眼"就是长着三角眼的那个人，这是用形象的特征，代替了人的名字。（2）的"黄山谷"即"黄山谷的诗"，用作家的名字代替了他的作品。从这两个例子可以看出来，"换一个名字"这种修辞的办法，和"打比方"是完全不同的。

（二）为什么要换个名字

不把事物的名称直接说出来，而另外换个名称，主要的是为了生动。一种事物的名称，往往是泛指的，直截了当说出来，不容易引起人家的想象。如果我们能找出这样事物的特征，就用这个特征作为事物的名字，于是听者和读者不但知道了我们说的是谁，是什么，连带的把他或它的特征都想起来，话的效果自然要强些。试拿"张三""李四"和"张胖子""李大个儿"一比，这种修辞手法的效用就很显然了。

用事物的特征来代替事物的名称，是这种修辞手

★ ③汉语里陆续出现并且积累了数量可观的四字成语，这些成语中绝大部分富于显著的修辞效果。
④运用汉字的特点还产生了若干特殊的修辞技法，如回文、顶针、谐音双关等。

117

法的总原则。特征怎样找，倒也不止一种方法。

（三）形象上的特征

一种事物，尤其是一个人，形象方面总有点独特的地方，这就是形象上的特征。替人取绰号往往就用这种特征。

（3）一间阴暗的小屋子里，上面坐着两位老爷，一东一西。东边的一个是马褂，西边的一个是西装……马褂问过他的姓名，年龄，籍贯之后，就又问道："你是木刻研究会的会员么？"

（鲁迅：《写于深夜里》）

（4）随后一个剪和尚头的学生把屁股稍为掀掀，来代替了起立："李先生，那么那些宣传画呢？——是不是艺术？"

……

"李先生"——这回那个和尚头索性连身子都不欠一欠了：只坐在画架前面干叫。

（张天翼：《新生》）

（5）天气热得厉害，从八里桥走到洋河边不过十二三里路，白鼻的胸脯上，大腿上便都被汗湿透了。

（丁玲：《太阳照在桑乾河上》）

（3）的"马褂"是"穿马褂的人"，"西装"是"穿西装的人"，这是用衣着❶的特征来代替人的名称。

★ 现在可知的修辞手法（修辞格）有六十三大类，七十八小类。

❶ 衣着：原书为"衣著"。

118

（4）的"和尚头"自然就是那个"剪和尚头的学生"，这是用装饰方面的特征来代替人的名称。（5）的"白鼻"是用身体外部形状方面的特征来代替牲口的名称。不论是衣着、装饰、身体的形状，总之都是形象方面的特征。

（四）最有关系的具体事物

一般说来，具体的东西比抽象的东西容易理解，也比较生动。因此，说话、作文遇到抽象名称的时候，往往用跟这个名称最有关系的具体事物的名称去代替。这样，具体事物既是跟这个抽象名称最有关系，当然也可以算作这抽象概念的一种特征。

（6）中国人的手在全人类中是出色的手。

（老舍:《我们在世界上抬起了头》）

（7）他觉得这场辩论很滑稽，觉得自己是白费唇舌，可是他忍不住要说几句。

（张天翼:《新生》）

（8）"他们没有见识，没有胆量，只晓得饭碗！饭碗！饭碗就是他们的终生唯一的目的！……"

（叶圣陶:《抗争》）

★ 常见的修辞方法有：比喻、比拟、借代、夸张、对偶、排比、设问、反问、反复、衬托、用典、化用、互文等。

（9）根本的不同在于传统诗的中心是"我"，朗诵诗没有"我"，有"我们"，没有中心，有集团。

（朱自清：《今天的诗》）

（6）的"手"代替"技艺"。（7）的"唇舌"代替"（说）话"。（8）的"饭碗"代替"职业"。（9）的"我"代替"个人"，"我们"代替"集体"。

（五）具体的数量

"数量"（如"轻重""长度""距离""多""少"等）这种概念，如果不说得具体，往往不大容易意会。因此，在说到数量的时候，我们常常尽可能地使它具体些。这可以说是汉语的一个特点，在别种语言里，这种办法不大用。

（10）"我们中间还有东北人，我就是一个。东北人听你们的话，最能够知道斤两。"

（叶圣陶：《寒假的一天》）

（11）他那时住在景云里，离我的寓所不过四五家门面……

（鲁迅：《为了忘却的记念》）

（10）的"斤两"代替"轻重"或"分量"或"重量"。（11）的"不过四五家门面"代替"很近"。

★ 比喻就是打比方，它是用某一具体的、浅显的、熟悉的事物或情境来说明另一种抽象的、深奥的、生疏的事物或情境的一种修辞方法。

（六）最显著的部分

每种事物都有它比较显著的、具有代表性的部分。看这样事物，我们往往特别着眼在这显著的部分上；如果画画儿，我们也往往在这一部分特别着力。说话的时候，要是拿这最显著的部分代替了这样事物的名称，也可以使我们的话显得生动有力。

（12）几千双眼睛都盯着你……

（李林：《这样的战士》）

（13）他做过庄稼，利息薄，不够一家子吃的，把田退了……

（叶圣陶：《春联儿》）

（14）春天，树木开花了，是晴明暖和的天气，早晨大路上还充满了褴褛的衣服和光赤的脚。

（巴金：《能言树》）

（15）二孔明也叫二诸葛，原来叫刘修德，当年作过生意，抬脚动手都要论一论阴阳八卦，看一看黄道黑道。

（赵树理：《小二黑结婚》）

（12）的"几千双眼睛"代替"几千个人"。（13）的"吃的"代替"过生活用的"。（又"做过庄稼"即"种过田"的意思。）（14）的"褴褛的衣服和光赤的

★ 比喻主要分明喻、暗喻、借喻三种形式。

脚"代替"贫民"。（15）的"抬脚动手"代替"每作点什么事"。所有这些，都是拿事物的最显著、最有代表性的一部分来代替事物的全部。

（七）最显著的结果

一种事物，特别是一种行为、动作或思想情绪，往往都能产生一种很显著的结果。说出这个结果来代替这样事物，也能收到生动有力的功效。

（16）于是大家替他们弟兄捏着把汗。

（老舍：《黑白李》）

（17）林先生早已汗透棉袍。虽然是累得那么着，林先生心里却很愉快。

（茅盾：《林家铺子》）

（16）的"捏着把汗"代替"担心"。担心的时候，手心里往往要出汗。这个句子就是拿"手心出汗"这个结果，来代替"担心"这种情绪的。（17）的"汗透棉袍"代替"累得很"。累的时候，身上要出汗；所以"身上出汗"也就是"累"的结果。汗出得多，竟把棉袍湿透了，无非极言其"累"。（这种说法，多少有点夸张。适当的夸张，是修辞的另一种方法。）

"换一个名字"的办法还不止这几种。不过这几种

★ 明喻的形式可简缩为：甲（本体）如（喻词：像、似、若、犹、好像、仿佛）乙（喻体）。

比较常用，因而也比较重要就是了。

（八）需要注意的几点

　　用形象的特征代替事物的名称时，要注意三点：第一，必须是很明显、很典型的特征。第二，必须在上下文里有交代。比如第（3）例，如果前边没说过"上面坐着两位老爷"，上来就说"东边一个是马褂……"，读者就很不容易明白。第三，这种说法大都用在需要幽默的地方，甚至还能表现讽刺的意味。所以，在必须庄重严肃，不需要幽默讽刺的场合，不宜用这种修辞。

　　其余几种办法中，有的已经成了习惯语，甚至成语。比如用"头脑"或"脑筋"代替"思想"，用"手"代替"技艺"，用"费唇舌"代替"费话"，用"饭碗"代替"职业"，用"斤两"代替"轻重""重量"，都已经用得很习惯，简直跟用普通的词语差不多了。使用这类词语时，一定得注意，是否跟习惯一致。"饭碗"可以代替"职业"，但是它所代表的是旧社会那种"混饭吃"的职业观点。如果我们描写现在的一个青年，找到了一个适当的工作岗位，说他"找到了饭碗"，那就不伦不类了。所以，对于这类修辞性的词

语，必须弄清楚它的含义和用法，否则不仅收不到修辞的效果，反而会闹很大的笑话，以至犯错误。

但是我们也不能总用现成的东西，必要的时候得自己来创造。如果我们用的不是习惯的词语，而是自己造出来的，那就要注意：这样代替贴切不贴切，明显不明显，生动不生动。比如（9）和（14）所用的就不是习惯的词语。可是，用"我"代替"个人"，用"我们"代替"集体"，用"褴褛的衣服和光赤的脚"代替"贫民"，都很恰当，都很生动，而且让人一看就懂，决不会引起误解，也根本不必猜疑。这，可以说是用这种修辞手法的条件；只要用它，就非得合乎这些条件不可。

★ 明喻在形式上是相似关系，暗喻则是相合关系。

四　说得夸张些

"他这个人，眼睛长在头顶上，不把任何人看在眼里。"对于自高自大的人，我们常常用上面这句话去形容。其实，他的眼睛真的"长在头顶上"吗？显然是不会的。那么，我们这样形容他，是不是说谎呢？不是。我们是有意地用这么个说法，极言其骄傲就是了。

"老刘的脾气真不好，为了芝麻大的一点儿事，他也会生上三天气。"真的是为了"芝麻大"的事吗？真的一生气就是"三天"，不多也不少吗？显然都不是。"芝麻大"无非极言其小，"三天"无非极言其生气生得久。像这种表面上看起来不符合事实的话（"眼睛长在头顶上"），或是说得过甚其词的话（"芝麻大的一点儿事""生上三天气"），在修辞学上叫作"夸张""夸饰"或"铺张"。

说话本来应该绝对真实，有一说一，有二说二。"夸张"似乎跟这个原则有点儿抵触：一夸张不就是虚假了吗？不。修辞学上的"夸张"和"说假话"是完全不同的。比如：老李很高，身长将近六尺。如果你对别人说："老李真高啊，恐怕有七尺多！"这句话就不够真实，可以说是假话，因为听话的人可能相信了你，以为老李真有七尺多高呢。要是你用个"比方"，说"老李又瘦又高，活像个电线杆儿"，这就是修辞的夸张，并不是说谎了；因为，不可能有任何人高得细得跟"电线杆儿"一样，人家一听就知道你是打比方。

适当的夸张能够收到两种效果。首先是可以启发听者或读者的想象力，其次是加强所说的话的力量。有一样东西非常大，我们想把它的"大"告诉别人，怎么说法呢？实在的尺寸，我们未必知道；纵然知道，

★ 借喻，只出现喻体，本体与比喻词都不出现。如：燕雀安知鸿鹄之志！

说出来也还觉得太平淡。因为数目字虽然能表现那个大东西的真实情形，却表现不出我们在情绪上对它的反应。在听话的人一方面，数目字往往不容易记得，而且也不容易引起具体的想象。这时，如果我们能够很适当地用一下修辞的夸张，两方面的问题就一齐解决了。有些事物的情状，想要具体地说说，更不是三言两语办得到的。这时，夸张就更加有用。

汉语的口语里，修辞的夸张用得非常多。这一点足以表现我们人民的丰富想象力，也足以表现祖国语言的优美特性。当然，夸张应该怎样用法，不是没有原则的，不是没有限度的。我们先把各种夸张的方式看一看，然后再谈应该注意的几点。

一般说来，夸张总是通过比喻、借代或比较的形式来表现的。在比喻之中，明喻、隐喻和借喻都可以应用。以前我们谈过比喻和借代，那几篇里所举的例子，有些就是带有夸张性的。

（一）用明喻来夸张

一般的明喻，总是用乙事物来比甲事物，而甲乙两事物之间一定有某一点绝对相像❶。倘若用来打比方的乙事物并不跟甲事物绝对相像，而是借用乙事物的

★ 借代，不直接说出要说的人或事物，而是借用与这一人或事物有密切关系的名称来替代，如以部分代全体；用具体代抽象；用特征代本体；用专名代通称等。

❶ 相像：原书为"相象"。

某一特点来强调的指出甲事物的特点，这个明喻就成为夸张性的说法了。例如：

（1）新的主题、新的人物像潮水一般地涌进了各种各样的文艺创作中。

（周扬❶:《新的人民的文艺》）

（2）情绪高，工作就会做好，特别是精神劳动如文艺创作，需要废寝忘餐如醉如痴那样的专心一致和高度热忱，方能使作品生动而有力。

（茅盾:《文艺创作问题》）

（3）是的，是热。室中的空气是昏昏蒙蒙的，仿佛到了着火点。谁要是擦一支火柴吸烟，似乎都有引起火来的神气。

（郭沫若:《访问朝鲜》）

（1）的"像潮水一般地"极言"新的主题、新的人物"之多，（2）的"废寝忘餐如醉如痴"极言其全神贯注、"专心一致"，（3）的"仿佛到了着火点……"极言热度之高，而这个"热度"不是指真正的气温，而是指"热情"的。这些，当然都有点夸张性，而表现的形式都是用明喻；既是打比方，于是就无害于事理的真实性，反而加强了话的力量，使读者得到的印象特别深刻。

口语里用这种夸张性的明喻的例子是极多的：

❶ 周扬（1908–1989）：现代文艺理论家、文学翻译家、文艺活动家，代表作有《现实主义试论》《关于国防文学》《文学与生活漫谈》等。

（4）他这么一喊，马上聚了一堆人，好像正月十五看龙灯那么热闹，新媳妇的一举一动大家都很关心……

（赵树理：《登记》）

（5）……她的眼泪就像雨点一样，有的落在炕上，有的落在地上，还有的就顺着脸往下流。

（丁玲：《我在霞村的时候》）

（6）无耻的狞笑，骄傲的狂叫。

就像是一万把刀扎在她的心上。

（李季❶：《报信姑娘》）

❶ 李季（1922-1980）：现代著名诗人，代表作有长篇叙事诗《王贵与李香香》。

（7）送粪的大车，在大道上，穿梭似的来往，人喊马嘶，鞭子在天空里呼啸。

（周立波：《暴风骤雨》）

（8）"不要动感情嘛，同志。看你烧得像火炭儿一样，我没有病，怎么也好说。"

（魏巍❷：《朝鲜人》）

❷ 魏巍（1920-2008）：当代诗人、散文作家，代表作有《谁是最可爱的人》《东方》。

这几句里点了黑点儿的部分都是口语里常用的比方，都含有相当的夸张性。每句的含义很明显，不待解释。（第七句里"鞭子在天空里呼啸"是另一种修辞方式，下一章会谈到。）读者不妨想一想，我们日常谈话里是不是常用这种比方；最好经常注意，可能的话，不断地采集、整理、分析、比较，这样对于写作会很有些帮助的。

（二）用隐喻、借喻或借代来夸张

打比方的甲乙两事物之间，本来只有一点绝对相像，用隐喻或借喻说成"甲是乙"或是干脆连乙的名称都不提，本身已经多少带了点夸张性。现在，再把用来打比方的乙事物加强一下，当然夸张的作用就更大了。例如：

（9）但他却在她脸上的每条皱纹里，看出都埋伏得有风暴。

（丁玲：《夜》）

这句话的意思是：他从她脸上的神色可以看出来，她是一肚子的不高兴，随时打算寻衅闹事，好像阴沉的天色预示着要有风暴似的。可是说成"每条皱纹里……都埋伏有风暴"，当然就有些夸张了。句子里没用"像""似"之类的字，所以说它是个夸张性的隐喻。

这一类的隐喻或借喻，口语里也常常运用：

（10）这时我就会腋下出汗，恨无地洞可钻……

（鲁迅：《人生识字胡涂始》）

（11）小飞蛾抬头看看他的脸，看见他的眼睛

★ 比拟是把人当物写或把物当人来写的一种修辞方法，前者称为拟物，后者称为拟人。如：
①做人既不可翘尾巴，也不可夹着尾巴。（拟物）
②蜡炬成灰泪始干。（拟人）

要吃人，吓得她马上没有答上话来……

（赵树理：《登记》）

（12）大家对他两个虽是恨得入骨，可是谁也不敢说半句话……

（赵树理：《小二黑结婚》）

（13）可能的，美国将因扩大侵略战争而组织两党联合政府，好教两党平分秋色，更加同一鼻孔出气，而去共同欺骗人民。

（老舍：《从美国兵说起》）

（10）的"腋下出汗"就是"困窘着急"的意思，这是用结果代替原因的一种借代法。当然，未必真的"腋下出汗"，不过这样说法，极言其困窘着急的厉害而已，所以说是夸张性的。"恨无地洞可钻"，平常也可以说成"恨不得有个地洞钻下去"等等，用处在加重的形容困窘着急的情态。其余两句的含义都很明白，夸张性也很显著，不必多说。

★ 夸张是对事物的形象、特征、作用、程度等作扩大或缩小描绘的一种修辞方法。

诗里面用夸张性的隐喻、借喻或借代的时候特别多。

（14）姑娘一闪身向外溜跑，
　　屋子里连扫帚也在欢笑，
　　笑着这新社会的订婚礼，
　　笑着这一对青年人配得这么好！

（李季：《报信姑娘》）

130

（15）两条臂膀千条筋，

开出石头变成金……

（潮清：《北石坑》）

（16）……同志同志你歇下，

吃顿饭，宿一晚，

面片擀得一张纸，

面条切下一条线，

下到锅里莲花转，

盛到碗里赛牡丹……

（李林：《宿一晚》）

（14）的"屋子里连扫帚也在欢笑"，极言全屋里快乐的空气，借"扫帚"来代替"每样东西"的。（15）的"两条臂膀千条筋"极言劳动者雄壮硕健的丰采，并不是真的每只臂膀上的筋有五百条。（16）"面片擀得一张纸"是说"薄得像一张纸"，"面条切下一条线"是说"细得像一条线"。（最后两句是说面片和面条的形象多么好看。这些，自然也都是夸张性的说法。）

夸张有时是用比喻加上比较来表现的。比喻总还是说甲像乙，或甲是乙；如果说成"甲比乙更……"，夸张的力量当然就更进了一步。比如：

（17）……全世界人民和我们在一起，

★ 夸张的例子：

①白发三千丈，缘愁似个长。（"三千丈"为扩大夸张）

②芝麻粒儿大的事，不必放在心上。（"芝麻粒儿"是缩小夸张）

③太阳刚一出来，地上已经像下了火。（把前一事物"出来"与后一事物"下火"夸张到几乎是同时出现，有人称此种夸张方式为超前夸张）

我们的队伍比海洋更壮阔，

我们的队伍比山岳更坚定……

（艾青❶：《十月的红场》）

❶ 艾青（1910—1996）：现代著名诗人，著有《大堰河》《北方》《向太阳》《黎明的通知》等诗集。

普通的比较是以同类的事物相比。如"张三比李四高"（"张三""李四"都是"人"）；"黄豆比绿豆大"（"黄豆""绿豆"都是"豆"）。这种比较不是修辞性的说法。修辞的比较多半是用不同类的事物相比，所以并不是真的比较，而是打比方的比较。（17）的"队伍"和"海洋"就不是同类的事物。如果说成"我们的队伍像海洋似的那么壮阔"，是一个夸张性的比喻；现在说"我们的队伍比海洋更壮阔"，是比喻又加上了比较；这么一来，夸张的力量就更大了。"比山岳更坚定"，也是同样的性质。

（三）不用比喻的夸张

夸张不一定非用比喻不可。有时我们可以直截了当地把事物的情状夸张一下，并不通过其他的修辞方式，特别是在运用成语的时候。例如：

（18）在这一时期，我们在新区的普及工作，确实大大展开，用一个烂熟的形容成语，就是"一日千里"。

（茅盾：《文艺创作问题》）

不通过比喻的形式来夸张，有时可能引起误会。因此，如果夸张的词语并不是成语，往往需要用上个适当的词（多半用表示"可能"或"程度"的副词），以便使读者明白说的并非事实，而是修辞的夸张。例如：

（19）热烈的情感，热烈的斗志，热烈的报告，热烈的贺辞，热烈的鼓掌，热烈的欢呼，使会场空气可能热到了一百度以上。

（郭沫若：《访问朝鲜》）

（20）一天之内的严重变化，我简直被压碎了。五脏七窍，四肢百体，都好像粘在一处，——不，简直是冻结了起来！我还是一个活人么？

（茅盾：《腐蚀》）

（19）句如果不用"可能"，也许有人以为会场的空气真的"热到了一百度以上"。（20）句，虽然我们不会以为真的"被压碎"，真的"冻结"，不过用上个"简直"，毕竟可以把夸张的意味表现得更明显一点。但在诗里面，往往不用这类词语，尽管直截了当地来夸张。例如：

（21）举着红灯的游行的队伍河一样流到街上。天空的月亮失去了光辉，星星也都躲藏。

（何其芳❶：《我们最伟大的节日》）

❶ 何其芳（1912-1977）：现代著名诗人、散文家，著作主要有：散文集《画梦录》（成名作），诗集《预言》，在对《红楼梦》的研究上也颇有建树。

（22）我们要把

五星红旗

插上帕米尔高原，

向全世界人民歌唱，

歌唱出中国人民的胸襟。

让我们手挥铁杖，

敲击那山边的

铜盆似的夕阳，

让昆仑山做大鼓，

让黄河扬子江做琴弦……

（黄药眠[1]：《我们要把五星红旗插上帕米尔高原》）

❶ 黄药眠（1903—1987）：现代著名诗人、文艺理论家，主要著作有：诗歌《黄花岗上》，散文集《黑海——美丽的黑海》，小说《痛心》等。

（21）"河一样流到街上"，（22）"铜盆似的夕阳"，都是夸张性的比喻；其余点了黑点儿的几句就干脆没用比喻的形式，也没用"可能""简直"那一类的词语。

（四）需要注意的几点

修辞的夸张，如果用得恰当，可以增强说话的效果，加深读者的印象，唤起读者的想象。这些，前边已经说过；举的那些例子，想来也能证实这句话。但是使用夸张的时候，有几点特别值得注意。

第一，除了一些成语之外，夸张的说法不大适用于科学性的说理或叙事的文字。因为夸张所能做到的，只是给读者一个鲜明生动的印象，毕竟不能告诉他具体的实在的情形。至少，在科学性的文字里，不能依靠夸张来描述事物；偶然用一用是可以的，但必须以翔实的科学记载为主体。

第二，只要运用夸张，就必须使它很明显，让人一看就知道它是夸张才行。拿最普通的例子来说："把我气死了"就是明显的夸张，任何人听见这句话都不会误以为真的已经"气死"；可是"气得我头疼"就不明显，因为"头疼"究竟是事实呢还是夸张，从这句话的本身看不出来。夸张而让人家不知道是夸张，很容易引起误解，那样就真的成为说谎了。

第三，夸张要用得自然，该夸张的时候才夸张，不该或不必夸张的时候，最好不夸张。夸张用得太多了，会叫人家觉得处处不着边际。第四，运用夸张的比较时，得特别注意比较的性质。这一点前面已经说过，不再重复。

* 对比是把两种事物或同一事物的两个方面并举加以比较的方法。如：
①先天下之忧而忧，后天下之乐而乐。
②朱门酒肉臭，路有冻死骨。

五　说得生动些

描写景物或抒发情感时，为了把景物描写得生动活泼，把情感抒发得充畅强劲，往往运用一种修辞的

办法，把鸟兽甚至植物当成人来写，把无生物当成生物来写。目的都是一个：给读者一种鲜明生动的印象，使读者容易想象出当时的景象或情绪。这种办法，有的书上叫作"拟人"，有的书上叫作"人格化"，也有的书上叫作"比拟"。

（一）把其他动物当作人

鸟兽昆虫跟人之间有很大的区别：人有思想情感的活动，其他动物大都没有，或极少有；行为动作，也都是很不相同的。有时，为了某种目的，作者可以把人的思想情感或行为动作附着在所描写的其他生物身上，就像写人似的来写它。这样，由于它被描写得具备了人的属性，往往可以使人感觉到特别亲切，因而很容易接受了作者的思想或情感。

（1）……两只小狗最先走出来欢迎我们。

（丁玲：《我在霞村的时候》）

（2）……春蛙唱着恋歌，嫩蒲的香味散在春晚的暖气里。

（老舍：《月牙儿》）

"小狗"确会跟人表示亲近，但是"欢迎"这种动作毕竟只有人才会做；现在说小狗出来欢迎我们，就

★ 对偶，用结构相同或相近，字数相等的一对短语或句子对称排列起来表达相对或相近的意思。

是把小狗当成人来描写的。"蛙"的叫是一种本能的行为，不是唱歌，更不是唱"恋歌"；现在这样写，也是把人的思想行为通过想象附着在蛙的身上了。

童话、儿歌里最常运用这种修辞的办法；寓言里也常用。例子非常多，不详举。

（二）把无生物当作生物

人在生活里离不开周围的物。于是人的思想情感也往往可以借周围的物发挥出来。这时，纵是没有生命的东西，我们也可以把它写成有生命的，甚至于写成人。因为，这样更便于发挥我们的思想或情感。

（3）"我的好同志，
　　请你多安息，
　　山上的红旗，
　　常常望着你。"

（田间❶：《在高山旁》）

（4）…………
　　青山含笑花招手，
　　泉水淙淙拨琴弦。
　　多么亲切的地方，
　　仿佛来到母亲跟前。

（未央❷：《进韶山》）

❶ 田间（1916-1985）：著名诗人，代表作有《未名集》《中国牧歌》和《中国农村的故事》等。

❷ 未央（1930— ）：诗人，著有诗集《祖国，我回来了》《大地春早》，长诗《杨秀珍》等。

137

（5）窗外风依旧低声叫唤着。

（巴金：《化雪的日子》）

（6）晚上，我一个人在院中走，常被月牙给赶进屋来，我没有胆子去看它。

（老舍：《月牙儿》）

不但具体的物可以这样来描写，抽象的物也可以。

（7）……这空虚又即刻发生反响，回向我的耳朵里，给我一个难堪的恶毒的冷嘲。

（鲁迅：《伤逝》）

★ 对偶的例子：
①满招损，谦受益。
②横眉冷对千夫指，俯首甘为孺子牛。
③欲穷千里目，更上一层楼。（流水对）
④望长城内外，惟余莽莽；大河上下，顿失滔滔。（扇面对）

"空虚"原是一种抽象的概念，它所代表的是一种情况，一种气氛，一种感觉，并不是一样东西，现在说它"给我一个……冷嘲"，是把它当作人来描写的。这样写法，更足以显示出"空虚"的可恶，更足以发挥出作者的情绪。

（三）常用的几种办法

把其他生物当作人来写，把无生物当作生物来写，常用的办法有如下几种。

1. 用适于人（或生物）的动词写其他生物（或无生物）

有些动词本来只能表现人的行为动作，不能表现其他动物的行为动作；也有些动词本来只能表现生物的活动，不能用之于无生物。如果我们用前一种动词写其他动物，自然是把那种动物当作人来写的；如果用后一种动词来写无生物，也就是把那样东西当作有生命的了。

前面第（1）（2）两例的"欢迎"和"唱着恋歌"本来都是只能表现人的行为的动词和动宾词组；在那两句里，一个用来写小狗，一个用来写蛙，所以我们说，作者是把小狗和蛙当作人来写的。下面，我们再举几个例子。

（8）姑娘一闪身向外溜跑，
屋子里连扫帚也在欢笑，
笑着这新社会的订婚礼，
笑着这一对青年人配得这么好！

（李季：《报信姑娘》）

（9）送粪的大车，在大道上，穿梭似的来往，人喊马嘶，鞭子在天空里呼啸。

（周立波：《暴风骤雨》）

（10）及至反身来，又只看见自己的两只皮箱凌乱地、无声地、可怜地摊在那边矮凳上，大张着口呆呆地朝自己望着。

（丁玲：《梦珂》）

★ 排比是把内容相关、结构相同或相似、语气一致的几个（一般要三个或三个以上）短语或句子连用的方法。

139

（11）枫叶羞见秋风面，
　　　紫金山映红了南京城。

　　满眼是花墙、花山、花屏风，
　　南京可算是江南的菊花城。

　　一朵菊花一个笑脸，
　　万姿千态把人迎。

　　若不是夹道的梧桐隔开了道路，
　　人哪，车呀，就只好花上行。

　　　　　　　　　　（李季：《南京素描》）

　　"欢笑""羞见""迎"只能表现人的动作；"呼啸""大张着口……望着"都是表现动物的动作的。而"枫叶""菊花"都是些生物，"扫帚""鞭子""皮箱"都是些无生物。用这些适于人或其他动物的动词来写这些植物和无生物，所以就产生了修辞的效果。

　　2.用适于人（或生物）的形容词写其他生物（或无生物）

　　有些形容词本来只能表现人的品质性状，不能表现其他动物的品质性状；还有些形容词本来只能表现生物的品质性状，不能表现无生物的品质性状。如果用前一种形容词描写其他动物，或用后一种形容词描

★排比的例子：
但这回却很有几点出于我的意外。一是当局者竟会这样地凶残，一是流言家竟至如此之下劣，一是中国的女性临难竟能如是之从容。

写无生物，也就是把其他动物当作人来写，把无生物当作生物来写的。

（12）……一些<u>纸灰</u>在我眼前卷成一两个旋儿，而后<u>懒懒地落</u>在地上……

（老舍：《月牙儿》）

（13）<u>电车</u>不慌不忙地跑着，<u>客客气气地响</u>着铃铛……

（张天翼：《去看电影》）

（14）……杂乱的<u>短发</u>便在沙发上<u>鲁莽地摇</u>了几下。

（丁玲：《梦珂》）

（15）车子飞快地掠着冲去，<u>喇叭骄傲地叫</u>着……

（丁玲：《诗人亚洛夫》）

"懒懒地"修饰"纸灰"的"落"，"客客气气地"修饰"电车"的"跑"，"鲁莽地"修饰"短发"的"摇"，"骄傲地"修饰"喇叭"的"叫"。这些，都是用适于人或其他动物的形容词来修饰无生物的动作的。

3. 用比喻

有时，虽然也是用适于人（或生物）的动词或形容词来写其他动物（或无生物），不过并不是直接说那个动物（或无生物）做了怎样的行为动作或具有怎样

★ 反复是根据表达需要，使同一个词语或句子一再出现的方法。反复可以是连续的，也可间隔出现。

的品质性状，而是说"好像"它做了这样的行为动作或具有这样的品质性状。这是"比喻"和"比拟"的联合应用。

（16）厂长找老大哥谈了谈，怎样谈的我不知道，只知道他由厂长室回来以后，就干不下活去了，干一会，停一停，用手摸着那盘机器发愣。机器发出"哒哒"的声音，又像他平常说的，我要一发愁，我这机器就像喊："老伙伴，别发愁了，我给你奏个曲子听听吧。"大概他的机器又在给他奏曲子呢！可是这一回奏的曲子没把老大哥的愁给解开，相反的，倒使得老大哥心里更加沉重啦。

（董迺相：《老大哥》）

这里，实际的意思是："我要一发愁，我这机器就像朋友或爱人似的对我喊……"所以说它是个"比喻"的说法。用一下比喻有这样一种好处：平实一点，使读者容易理解些。如果不用比喻，改成："……我要一发愁，我这机器就给我奏曲子，它说：'……'……"，读者理解起来就比较困难一点。现在先这样比喻一下，后面再说"大概他的机器又在给他奏曲子呢！……"，读者看起来就明明白白，修辞的效果反而更大些。

4. 跟它说话

再一种办法是把对于某种动物或无生物或地方等

★ 反复的例子：
①冒着敌人的炮火，前进！前进！前进！
②敌人从哪里进攻，我们就要它在哪里灭亡；敌人从哪里进攻，我们就要它在哪里灭亡。

的情感用说话的方式写出来，好像它是一个人，正跟我们面对面谈话似的。这样，当然使人觉得更亲切，情感可以发抒得更痛快。诗里面最常运用这种办法。（有的修辞学书上把这种办法归在另一个项目里。）

（17）延安！

　　　　我们回来了，我们看到了你，

　　　　我们满胸的欢喜，

　　　　像乳儿看见妈妈，

　　　　像爱人们碰上节日。

　　　　（贾芝❶:《延安，我庆祝你的再生》）

（18）当我带着梦里的心跳，

　　　　睁大发狂的眼睛，

　　　　把黎明叫到了我的窗纸上——

　　　　你真理一样的歌声。

　　　　……

　　　　你的口

　　　　歌向青山，

　　　　青山添了媚眼；

　　　　你的口

　　　　歌向流水，

　　　　流水野孩子一般；

　　　　你的口

　　　　歌向草木，

　　　　草木开出了青春的花朵；

　　　　你的口

❶ 贾芝（1913- ）：民间文艺学家、民俗学家，代表作有《贾芝集》《水磨集》《新园集》《播谷集》等。

歌向大地，

大地的身子应声酥软；

蛰虫听到你的歌声，

揭开土被

到太阳地下去爬行；

人类听到你的歌声

活力冲涌得仿佛新生；

......

（臧克家❶《春鸟》）

❶ 臧克家（1905—2004）：著名诗人、作家，代表诗作有《难民》《老马》《有的人》等。

5. 创造气氛

把其他的动物当作人来写，把无生物当作生物来写，主要的自然是要给读者一个鲜明生动的印象，启发读者的想象力。而同时，这种修辞手法最能够传达作者的情感，造成强有力的气氛，使读者充分领会作者写作时的情绪，跟作者发生情感上的共鸣。

下面两个例子给人一种粗暴紧张的感觉：

（19）有时候起了狂风，把他打得出不来气……

（老舍：《骆驼祥子》）

（20）第二个，吼着大的叫声的风又无情地接着扫来，在这群人的脸上和身上，又做了一次凶狠的鞭挞。

（丁玲：《某夜》）

下面两个例子给人一种抑郁沉重的感觉：

（21）……太阳还不能从云里面挣扎出来，连空气都疲乏着。

（鲁迅：《伤逝》）

（22）天就要压下来了，黑暗要压倒他们，压倒在这二十五个人身上。

（丁玲：《某夜》）

最后这两个例子给人一种静穆的感觉：

（23）它唤醒了我的记忆，像一阵晚风吹破一朵欲睡的花。

（老舍：《月牙儿》。按："它"指月牙儿）

（24）阴影把她的眼睛画得很长，下巴很尖。

（丁玲：《我在霞村的时候》）

（四）用其他生物的属性写人

和前边说的那些办法相反，用其他生物的属性写人，也能收到特殊的表达效果。

（25）多少人爱恋着，
　　　明媚秀丽的水乡，
　　　多少颗年轻的心，
　　　长起翅膀飞向南方。
　　　可是我呀，

★ 反语即通常所说的"说反话"——实际要表达的意思和字面意思是相反的。如："友邦人士"从此可以不必"惊诧莫名"，只请放心来瓜分就是了。

我却深深地爱着无边的戈壁，
我把玉门油矿当作自己的家乡。

（李季:《最高奖赏》）

（26）一个人劳动的时间并没有多少，
鬓间的白发警告着我四十岁的来到。
我身边落下了树叶一样多的日子，
为什么我结的果实这样稀少？
难道我是一棵不结果的树？
难道生长在祖国的肥沃的土地上，
我不也是除了风霜的吹打，
还接受过许多雨露，许多阳光？

（何其芳:《回答》）

（五）需要注意的几点

其他动物本来不是人，无生物本来不是生物。把不是人的其他动物当作人来写，把没有生命的物当作生物来写，把适用于其他动物或植物的属性用来写人，当然都不是很平实的写法。所以，这种修辞在口语里不像前几段所说的（如"打比方"等）那么常用。正因为这个道理，纵在写作时，这类的修辞办法也不宜用得太多。这是我们应该注意的第一点。其次，一定得我们有真实的情感，非这么说不可的时候才用。这样，写出来才会显得自然亲切。如果作者自己并没有

* 反问是用疑问的形式来表达确定的意思，因此，不需要回答。如：难道中学老师和小姐骑自行车还成体统吗?（《装在套子里的人》）

146

这么强烈的情感，硬去这样写，必然要显得矫揉造作，不但不能动人，反而叫人觉得不真实。最后，这种修辞的办法，本身具有比喻的性质，有时具有借代的性质，一般说来，还具有夸张的性质。比如第（16）例，更是比较明显的比喻。第（8）例，"连扫帚也在欢笑"，首先是个借代的说法，借"扫帚"来代替"每样东西"，同时又是具有夸张性的，因为"扫帚"无论如何不会"欢笑"，现在说"连扫帚也在欢笑"，无非极言全屋里充满了非常快乐的空气而已。既如此，用比拟的时候，就得同时兼顾到使用比喻、借代、夸张的各项原则。

六　说得深刻些

　　文章不单是要告诉读者一些事情或道理，让他知道，有时也得开启他的思想之门，让他自己去思索揣摩。为了后一种目的，文章里往往需要一些精彩的、词语简练而含义丰富的句子，让读者看了之后，觉得特别有力，特别受感动，并且觉得里面的蕴藏很多，还得细细地去想，深入地去体会。这种句子，一般的修辞学书上叫作"警句"。

＊　设问，为了突出所说的内容，把它用问话的形式表示出来。如：这七人端的是谁？不是别人，原来正是晁盖、吴用、公孙胜、刘唐、三阮。设问是自问自答的。

警句不只一种，我们分别举些例子来说说。

（一）富于综合性的警句

用一句非常简洁、非常有力的句子，概括很多的事实或是很复杂的道理，就成了一句富于综合性的警句。这种句子最适于用在一段文章或一篇文章的末尾，一方面帮助读者把全段或全篇文章的意义整理一下，在思想里深深地打上一个印子，一方面启发他，让他自己继续想下去。

★ 此外，教材中出现较多的修辞方法还有：引用、双关、顶针（或称"联珠"）、呼告、叠字、警策、通感、婉曲、讳饰等。

（1）我们此后实在只有两条路：一是抱着古文而死掉，一是舍掉古文而生存。

（鲁迅：《无声的中国》）

《无声的中国》是1927年鲁迅在香港青年会对一批青年听众的演讲，主要的意思是说，由于古文脱离了人民大众，不能作为人民大众表达思想情感的工具，于是中国成了个"无声的中国"，可是中国不能"无声"，我们有什么思想情感，必须表达出来，让世界知道，否则就将无法生存下去。前面所引的句子，就是全篇演讲的最末一句。

赵树理在一篇谈写作经验的文章里，说到怎样搜集写作材料时，有这样一段话：

（2）先从取得材料谈起：我的材料大部分是拾来的，而且往往是和材料走得碰了头，想不拾也躲不开。因为我的家庭是在高利贷压迫之下由中农变为贫农的，我自己又上过几天学，抗日战争开始又做的是地方工作，所以每天尽和我那几个小册子中的人物打交道，所参与者也尽在那些事情的一方面。例如"小二黑结婚"中的二孔明就是我父亲的缩影，兴旺、金旺就是我工作地区的旧渣滓；"李有才板话"中老字和小字辈的人物就是我的邻里，而且有好多是朋友；我的叔父，正是被"李家庄变迁"中六老爷的"八当十"高利贷逼得破了产的人；同书中阎锡山的48师留守处，就是我当日在太原的寓所；同书中"血染龙王庙"之类的场合，染了我好多同事的血，连我自己也差一点染到里边去……这一切便是我写作材料的来源。材料既然大部分是这样拾来的，自然谈不到什么搜集的经验，要说也算经验的话，只能说"在群众中工作和在群众中生活，是两个取得材料的简易办法"。

　　　　　　　　　　　　（赵树理：《也算经验》）

　　最后这个句子虽然是平平实实的话，但在作用上讲，也可以认为是警句。由此可见，这种所谓富于综合性的警句，只要简洁有力，能概括相当丰富的事理，能启发读者的思想就行，并不一定要在措词和结构上有什么特殊的地方。

★　句式：一个句子必须按照一定的模式来组织，这个模式称为句式。比如排比句式、命令句式等。句式主要有：判断句、被动句、宾语前置、成分省略句、否定句中代词宾语前置、疑问句中代词宾语前置、介词宾语提前、定语后置、状语后置、主语后置等。

（二）借用其他修辞方法的警句

比喻、借代、夸张等，本身原是可以启发读者的想象的。一般的比喻、借代或夸张，多半用来描写事物的形象或情景。如果我们借用一个非常生动的比喻之类，使它蕴含很深刻的意义，那就不但可以启发读者的想象，而且可以启发他的思想，使他从这比喻之中，了解了重要的问题或事理，而且由于用的是生动的比喻、借代或夸张，不是刻板的说理，会使他得到的印象特别深，所受的感动特别强。这样一个修辞性的说法，也就构成了一个警句。

（3）生存的小品文，必须是匕首，是投枪，能和读者一同杀出一条生存的血路的东西；但自然，它也能给人愉快和休息，然而这并不是"小摆设"，更不是抚慰和麻痹，它给人的愉快和休息是休养，是劳作和战斗之前的准备。

（鲁迅：《小品文的危机》）

（4）美国的一位作家索洛曾在一本书上说过，美国铁路每一根枕木下面都横卧着一个爱尔兰劳动者的尸首，那么我也这样联想，日本纱厂的每一个锭子上面都附托着一个中国奴隶的冤魂！

（夏衍❶：《包身工》）

第（3）例，说小品文必须是"匕首"和"投

❶ 夏衍（1900—1995）：著名作家、文艺评论家，著作有：报告文学《包身工》，话剧剧本《秋瑾传》《上海屋檐下》。

枪"，是一个隐喻，意思是"小品文必须是一种短小精悍的战斗武器，像匕首和投枪似的，可以直刺敌人的心脏"。这样用比喻来解说小品文的作用，自然特别有力，而且蕴藏的意义非常深刻，值得我们体会玩味。第（4）例，用"日本纱厂的每一个锭子上面都附托着一个中国奴隶的冤魂"来说明日本帝国主义者怎样剥削压榨中国的工人，当然足以发人深省，激起愤恨。从修辞上看，这是用夸张的方法做成的警句。

（三）看似矛盾实不矛盾的警句

有一种句子，表面上看起来像是自相矛盾，可是仔细一想，不但并无矛盾，倒的确是有道理，至少是有一部分的道理。北方俗语说："会浮水（游泳）的淹死，会骑马的摔死"，就可以算是这一类的警句。初一看，这句话好像不对："会浮水的"为什么反而会"淹死"，"会骑马的"为什么反而会"摔死"呢？仔细想一下，原来是这么个道理：不会浮水的，根本就不敢下水；不会骑马的，也根本不敢上马。正是因为会浮水，会骑马，才往往大意，而一大意就会出危险，尽管"会"，仍有"淹死""摔死"之虞。所以这句话最足以使大意的人得到警惕。写作中适当地运用这类警

*　①句子按用途，可分为陈述句、疑问句、祈使句和感叹句。陈述句是告诉别人一件事；疑问句是询问别人一件事；祈使句是用来要求别人做或不做什么的句子；感叹句是用来表示某种强烈的感情的句子。

151

句，很足以加强文章的力量。惟其是表面上有些矛盾，读者就非用心想一想不可，这样一用心，句子的含义就深深地打进他的思想里去了。

（5）这样，我必须要求自己写得"对"，而后再求写得"好"；道理说错，文字越漂亮，故事越有趣，才为害越大！对而且好，才算真好；不对，就不好。

（老舍：《为人民写作最光荣》）

（6）有的人活着，

他已经死了；

有的人死了，

他还活着。

（臧克家：《有的人》）

（7）……她是我的妈妈，又不是我的妈妈，我们母女之间隔着一层用穷做成的障碍。

（老舍：《月牙儿》）

（8）这本选集一共16篇，是在48篇短篇小说中选出来的。创作日期是从1927年到1941年。从这本集子里面大约可以看得出一点点我的创作的道路。是长长的路，也是短短的路。

（丁玲：《丁玲选集自序》）

第（5）例，为什么"道理说错，文字越漂亮，故事越有趣，才为害越大"呢？因为文字越漂亮，故事

★ ②句式的转换：包括主动句和被动句的转换、肯定句和否定句的转换。句式转换应注意的问题：A.句式变换，只是换一种说法，换一种句式，不改变句子的原意；B.肯定句变否定句，一种方法是找反义词加"不"，一种是可以变为双重否定句。

152

越有趣，看的人就越多，流行的就越广，给人的影响就越深，可是"道理说错"了，岂不就是把这错的道理散布得更远更厉害，也就是"为害越大"吗？第（6）例，"有的人活着，他已经死了"指的是那些在思想上或行为上败坏堕落，违背人民的利益的人；他们虽然活着，可是毫无价值，等于死了；这也就是平常所说的像"行尸走肉"的那种人。"有的人死了，他还活着"指的是那些在思想行为上曾经对人民有过贡献的人（这里，特别指的是鲁迅，因为这首诗是为纪念鲁迅逝世而作的）；他们虽然死了，可是他们的功绩却还存在着，而且还起着作用，因此他们的名字也还留在人民的口中和心中，所以他们等于还活着。第（7）例，《月牙儿》这篇小说是写旧社会里被穷困磨折、被社会蹂躏的女性。妈妈因穷困而沦落了；女儿也因穷困走到了沦落的边缘。这时女儿想到了妈妈：论血统关系，她们是母女；可是由于穷困，妈妈沦落了，她不能养活女儿，也不能爱女儿；女儿呢，不但不能去找妈妈，靠她养活，心里也不愿爱这么个妈妈；在实际的物质生活上，她们简直没有母女的关系了。"她是我的妈妈，又不是我的妈妈"就是指的这种悲惨的情况和矛盾苦恼的心理。读了这一句，让人想到旧社会

★ 古汉语句式：
（1）判断句：对事物有所肯定或有所否定的句子。可以分为两个系列："……者，……也"系列和"乃、为"系列。

逼得母女乖隔，不能过正常生活的那些罪恶。第（8）例，作者说她的创作道路"是长长的路，也是短短的路"。怎么既是"长长的"又是"短短的"呢？"长长的"是说在创作的路上摸索了很久，兜了许多圈了，花了许多的时间；"短短的"是说创作的路，提高和进步的路，是没有止境的，在这无止境的大路上，作者认为她自己才走完了"短短的"一段。两句话结合在一起，表现了作者多么严肃地看待创作，多么虚心地看待自己的成就。

　　以上是比较常见、常用的几种警句，除此而外，自然还有别的类型，这里不能一一叙述了。使用警句时，最要注意的是不能牵强：绝不要为了创作警句而写警句，一定要根据思想的进展和文章的要求来作。其次，运用"看似矛盾"的那种警句时，一定要"实不矛盾"；并且，这句话的真义必须是读者能够体会得出来，而且不至于体会错误，也就是说，绝不模棱两可才行。否则，生僻奇突得让人不懂，或是可能有几种解释法，那就是玩弄文字，耍花巧，不成其为好的警句了。

★ "……者，……也"系列："……者，……也"是文言文判断句最常见的格式，由此变化，就形成一个系列。
廉颇者，赵之良将也。（……者，……也）
百战百胜，非善之善者也。（……，……者也）
粟者，民之所种。（……者，……）

154

七 其他的修饰方法

修饰的方法是很多的，前几章说的只是最常见的几种。这里再简略地补充介绍几种比较次要的修饰方法。

（一）转借

文言里形容人生气生得厉害，说"怒发冲冠"。年纪大的人因伤感而哭，说"老泪纵横"。"发"不会"怒"，"泪"无所谓"老"，"怒"和"老"都是修饰人的，现在借用来修饰跟人有关的物。"喜酒""快乐的暑假"等都是这类修饰法。

（1）他整天愁眉苦脸想来想去，越想越糊涂……

（欧阳山：《高乾大》）

（2）那种愉快的笑，简直和那长年被生活所围困得极抑郁的面容不相调和。

（丁玲：《太阳照在桑乾河上》）

"愁""苦""愉快""抑郁"本来都是形容心情的，现在转借来修饰可以表现心情的"眉""脸""笑""面容"。用这种修饰法造成的词语有的已是成语性的，如"愁眉苦脸"等，得注意按照习惯来使用。要是自己创

★ 文言判断句，常用"乃""为""即""则""是""非"来表示，构成又一个系列。

当立者乃公子扶苏。

我为赵将，有攻城野战之大功。

即今之傫然在墓者也。

造这种修饰语，或是模仿❶外国文学作品里类似的修饰语，得注意是否自然明显，是否符合我们的语言习惯。外国文学里有"烦躁的枕头，睡不着的床"之类的说法，形容一个人因心情烦躁以致在床上翻来覆去❷睡不着的情形。把这样的说法硬搬进自己的作品里来，是很不合适的。

（二）反话

口语里头常常运用反话。比如，费了很大的事才把一个人说服，明明是很困难，偏说成"好容易才把他说服了"。街上走过秧歌队和腰鼓队，很多人拥在路旁看，明明是很热闹，偏说成"好不热闹！"反话运用得好，足以加强话的力量。

讽刺讥嘲的时候，尤其常用反话，下边就是几个例子：

（3）好！他不打就不打，咱给他门上埋个守门雷，明天是大年初一，叫他来个开门见喜。

（马烽、西戎❸：《吕梁英雄传》）

（4）自从胡泰的胶皮车光临了暖水屯之后，暖水屯的人便添了话题。

（丁玲：《太阳照在桑乾河上》）

---

❶ 模仿：原书为"摸仿"。

❷ 翻来覆去：原书为"翻来复去"。

❸ 马烽（1922-2004）：作家，著有长篇小说《吕梁英雄传》（与西戎合作）、《玉龙村纪事》《袁九斤的故事》等。西戎（1922-2001），作家，著有长篇小说《吕梁英雄传》（合作），短篇小说集《宋老大进城》，散文集《寄语文学青年》等。

（5）无论如何，到处跑着想办法的人，总比坐在家里想办法的人，有办法得多。

　　　　　　　　　　（欧阳山：《高乾大》）

（6）张得贵，真好汉，

　　跟着恒元舌头转：

　　恒元说个"长"，

　　得贵说"不短"；

　　恒元说个"方"，

　　得贵说"不圆"；

　　…………

　　　　　　　　（赵树理：《李有才板话》）

（7）知识高超而眼光远大的先生们教导我们：生下来倘不是圣贤、豪杰、天才，就不要生；写出来的倘不是不朽之作，就不要写；改革的事倘不是一下子就变成极乐世界，或者，至少能给我（！）有更多的好处，就万万不要动！……

　　那么，他是保守派么？据说：并不然的。他正是革命家。惟独他有公平、正常、稳健、圆满、和平，毫无流弊的改革法；现下正在研究室里研究着哩，——只是还没有研究好。

　　什么时候研究好呢？答曰：没有准儿。

　　　　　　　　　（鲁迅：《这个与那个》）

反话有幽默感，有时有刺讥性，但必须用的是地方。在不适当的场合用反话就显得油滑，那是必须避免的。

★（2）被动句：可分为两大类：有形式标志的被动句和无形式标志的被动句。

（三）一句顶一句

从前有一种文字游戏，叫作"顶针续麻"（也称"顶真格"或"联珠格"），就是用每句的末尾一字作下句的第一字，这样一直连缀下去。现在说相声时还常常用这种办法。写作中在描写景物、记叙事情的经过，甚至推理论证的时候，适当地参考顶针续麻的办法，往往能使文气贯通，并且显得记叙严密。例如：

（8）大门朝东，对着大车路，大车路前面是一片沙滩，沙滩的尽头横着一条小河。小河的那边又是沙滩……

（欧阳山：《高乾大》）

（9）竹叶烧了，还有竹枝；竹枝断了，还有竹鞭；竹鞭砍了，还有深埋在地下的竹根。

（袁鹰《井冈翠竹》）

（10）这张脸的周围长满了胡须，胡须的当中像出疹子似的[1]长满了红点子。

（同前）

（11）希望是附丽于存在的，有存在，便有希望，有希望，便是光明。

（鲁迅在北京女师大学生会的演讲）

第（8）例表现地点的衔接，第（9）例和第（10）

★ 有形式标志的被动句：
信而见疑，忠而被谤，
能无怨乎？
而君幸于赵王。
臣诚恐见欺于王而
负赵。
今不速往，恐为操所先。

❶ 似的：原书为"似地"。

例表现部位的衔接，第（11）例表现推理的进展。用这种办法要注意，必须是事物的本身确有这样的衔接关系时，才在语言上整饰一下，使它把事物的衔接关系更好地表现出来，千万不能硬凑，硬凑就成了没有什么意义的文字游戏了。

（四）对比

把一个大的跟一个小的放在一块儿，两相比衬，大的格外显得大，小的格外显得小。写作中可以运用这种道理，用对比的方法来描写事物。对比的两方面可以存在于一样事物的本身，也可以是两样事物；可以从性质上对比，可以从形象上对比，也可以从时间上对比。例如：

（12）周海人不高，说话可像打雷，咕喽咕喽没个完。

（杨朔：《三千里江山》）

（13）吴天宝人小，器量可大，看出姚大神气色不善，也不介意……

（同前）

（14）我似乎被周围所排挤，奔到院子中间，有昏黑在我的周围；正屋的纸窗上映出明亮的灯光，他们正在逗着孩子玩笑。

（鲁迅：《伤逝》）

★ 无形式标志的被动句：没有词语标志，但从上下文意看，谓语和主语之间是支配和被支配的关系。
　永元中，举孝廉不行，连辟公府不就。
　屈平疾王听之不聪也，谗谄之蔽明也，邪曲之害公也，方正之不容也。
　孝景七年，栗太子废，窦婴力争不能得。

159

（15）至少，以前一听见谈到合作社三个字就
走开的人，现在可以听下去。

（欧阳山：《高乾大》）

必须是事物的本身有可对比时，才能用对比的办
法，决不能硬凑。不过，有时事物本身原是有可对比
的，只是我们不留心。比如第（14）例，单说"吴天
宝气量很大，看出……"，未始不可以，可是先说个
"人小"，这一对比，就更显出"气量"之"大"。所
以，能否恰当地运用对比法来描写事物，主要还得靠
细心地观察和分析。

（五）一件事情从两面说

为了强调，有时可以把一件事情从两面来说。这
样一来，形式上成了对偶式的句子，说着流畅带劲，
内容上一个补充一个，力量也可以加强。例如：

（16）任常有说："我怕见人，不是怕走这三
里地，人家看见我就讨厌，我看见人家也不舒服。"

（同前）

（17）赶车的挥动大鞭，鞭梢蜷起又甩直，甩
直又蜷起，发出枪似的响声来。

（周立波：《暴风骤雨》）

第（16）例是说"我"跟"人家"互相不喜欢，第（17）例无非是说鞭梢一甩一蜷的不停。现在分开来从两面说，意思更显著、也更有力些。用这种办法也得看地方，而且不能用得太滥。滥用了会显得啰里啰嗦❶，或是贫嘴薄舌的。

上边又补充介绍了几种修饰方法，但仍然不全。修饰的方法是很多的，在这样一本小书的一部分里，不可能包罗无遗。不过，最重要最常用的，这里大体上都说到了。从这几章的简略说明里，读者也不难体会到，要能灵活地运用修饰方法，主要的还得靠生活经验和一般知识的丰富，以及善于观察、善于分析的能力，离开了这些单讲修饰方法，对于写作是没有多大帮助的。从这个角度来看，这一部分多少总有些示例的作用；至于进一步掌握修饰的技巧，那就得靠读者从多方面去努力培养了。

❶ 啰里啰嗦：原书为"罗里罗嗦"。

* A：主语和谓语的省略。如：

永州之野产异蛇，（蛇）黑质而白章；（蛇）触草木，（草木）尽死；（蛇）以啮人，（人）无御之者。[承前省主语]

夫战，勇气也。一鼓作气，再（鼓）而（气）衰，……。[省谓语、主语]

第四章　篇章和风格

一　篇章结构

　　任何一篇文章，从表现方法上来说，起码的要求是条理清楚，全文贯通，开头和结尾有力量。

　　为什么有这些要求呢？因为必须这样才能很好地表现主题，才能让读者容易了解，才能使文章的内容发挥力量，很好地说服或感动读者，收到预期的效果。

　　写文章有一定的目的。不论哪种形式的文章，不论这文章主要是诉之于读者的理智思维的，还是主要诉之于读者的情感的，终极的目的都在于介绍知识经验，宣传真理，让读者理解、信服、听从，进而正确地行动。达到这目的的，主要是靠文章的内容——文章所根据和所表现出来的丰富而正确的材料，正确而高尚的思想情感。

每篇文章各有自己的目的，各有自己的材料内容，这目的和材料内容，要求用某一种合适的形式表现出来。材料内容是各式各样的，因而表现的形式也是各式各样的。

不过，写文章并不等于材料的堆积。而是经过整理、安排和剪裁使之条理化的。同样一些材料，甲作者这样运用，这样安排，到了乙作者手上可能那样运用，那样安排。这里就表现了不同的写作技巧。他们虽采用不同的技巧，但目的都是想要把材料处理运用得妥善些、巧妙些，以便收到好的效果。一篇写成的文章，可以说是内容和技巧的结合：好文章一定是正确、丰富的材料通过高明的技巧表现出来的；不好的文章，有的是材料不正确或不丰富，这样就根本谈不到技巧的好坏，有的是技巧上毛病太多以致妨害了内容的表现，也有的是材料既不够好，技巧也不高明。

文章要有条理是作文最基本的要求。所谓条理就是材料的处理和运用。这里有合理安排的问题，也有些属于技巧的问题。

＊　C：宾语与兼语的省略。文言语句不但常省略动词宾语，也常省略兼语结构中的兼语。如：

（赵括）尝与其父言兵事，（赵）奢不能难（之），然不谓（之）善。

杞子自郑使（人）告于秦。

郑穆公使（人）视客馆。

163

（一）材料的安排

文章材料的安排实际上就是文章结构组织的问题。这问题十分重要。一篇文章，无论思想内容多好，无论词句多优美，必须全篇材料组织得好。一层一层、一段一段，安排得清清楚楚，有条不紊，该详的详，该略的略。前前后后，联系得紧密，照顾得周到。没有前后脱节的地方，没有丢三落四的情形，没有拖泥带水的毛病，人家读了才能得到清晰明确的印象。

怎么安排好材料呢？每一篇文章都是说明一个主题的。主题必须说得有层次、有步骤，才能让人抓得住。层次和步骤是跟着思路来的，那么文章里的材料，也得按照思路去安排。安排得好层次就分明，步骤就不乱，读者一段一段地看下去，就能体会得很透彻。安排不好，东拉西扯说了半天，弄得读者头昏脑胀，还不明白作者要说什么。所以安排材料是思路的问题。作者的思路是他对客砚事物怎样观察、理解、认识的反映。思路不是凭空产生的，而是以客观事物为基础的。客观事物反映在作者头脑里，经过观察、理解、认识的过程，形成了他对这样事物的印象、看法、态度或感情。把这些印象、看法、态度或感情理出个头绪来，就是所谓思路。按照这个思路写成文章，就是

★ D：介词和介词宾语的省略。如：

死马且买之（以）五百金，况生马乎？

臣与将军戮力而攻秦，将军战（于）河南，臣战（于）河北。

试与他虫斗，（他）虫尽靡。又试之（以）鸡，果如臣言。

组织安排材料的过程。文章组织结构安排是否清晰严密，反映了作者的思路是否清晰严密。也反映了他对所写的客观事物是否形成了鲜明的印象、看法、态度或感情。

所以要文章材料安排得好，必须求之于思路，从思路上去找原则。要思路清晰严密，必须善于观察事物，能够理解认识事物。"一个辉煌的思想家，必须具备两种才能，马克思兼而有之。他把一种事物分析出它的各个组成部分的才能，是没有人能比的；同时，他又极善于把事物分析之后再综合起来说明，详细描述它的内容和各种不同的发展形式，发现它内在的各种联系。"（拉发格《回忆马克思的写作》）观察、理解、分析、综合、注意事物的发展和内在的联系——这是思路的原则，也是文章材料安排的原则。只有锻炼观察、理解、分析、综合的能力，才能培养起既活泼而又严密的思路；只有培养起这样的思路，才能安排好材料。

空说道理，也许不容易明白，我们举一篇典型的作品作为范例，来看一看文章的安排是怎样按照思路进行的。

柳宗元❶的《小石潭记》：

❶ 柳宗元（773-819）：唐代文学家、哲学家，唐宋八大家之一。著名作品有《永州八记》等山水游记，有《河东先生集》。

从小丘西行百二十步，隔篁竹，闻水声，如鸣珮环，心乐之。伐竹取道，下见小潭，水尤清洌。全石以为底，近岸，卷石底以出，为坻，为屿，为嵁，为岩。青树翠蔓，蒙络摇缀，参差披拂。

潭中鱼可百许头，皆若空游无所依。日光下彻，影布石上，怡然不动；俶尔远逝，往来翕忽。似与游者相乐。

潭西南而望，斗折蛇行，明灭可见。其岸势犬牙差互，不可知其源。

坐潭上，四面竹树环合，寂寥无人，凄神寒骨，悄怆幽邃。以其境过清，不可久居，乃记之而去。

同游者：吴武陵，龚古，余弟宗玄。隶而从者，崔氏二小生：曰恕己，曰奉壹。

这是一篇游记。游记并不是一边游着一边写，而是游过之后，想着游览的情景写的。这篇文章表现出作者的思路大致是这样：他先想小石潭所在的地方，想到逐渐走近小石潭的时候听见怎样的声音（闻水声，如鸣珮环），看见一些什么景物（潭边的石头和树木）；然后继续想，走到潭边向潭里注视的时候看见怎样的景象（游鱼……似与游者相乐）；接着想下去，看过潭里的游鱼之后，又抬起头来顺着潭岸向远处眺望，看见了怎样的情景（斗折蛇行，犬牙差互，不可知其源）；近处、远处都观赏到了，该坐下来休息休息了，

166

于是写坐在潭边看见什么，感觉到什么；最后，游够了，该回去了，于是写回去，一直写到同游的人和作这篇游记。显然，文章正是根据作者游览时观察的顺序来组织安排材料的。如果我们游了一个地方，只要游览的时候很细心地观察了，对每处的景物的最突出的东西都留有清晰鲜明的印象，只要写的时候把游览的过程和所得的印象都想清楚了，我想，我们也同样能够安排好材料，写出这样一篇有条有理而又清新生动的游记来。

这就是根据思路来安排材料的一个实例。

把这个原则推广应用起来，哪怕想描写一间房子吧，我们照样可以这么办。比方，我们可以从它的形象方面去分析，先说大小，再说结构、式样、色彩等，最后说出它给人的总的印象或认识。我们也可以专从它的结构方面去分析，先在外边看它的前面，再看后面、左面、右面、上面，然后再在里边看它的门、窗、顶、地，最后总结起来看出它的价值或效用。究竟采用哪种分析的办法合适，要看我们所要说的是什么主题。

说一件事情，最方便的当然是从时间方面去分析。按照时间的进展，一步一步由开始说到结束。必要的

★（3）倒装句：

A. 否定句中代词宾语前置：这类宾语前置，要具备两个条件：一是宾语必须是代词；二是必须是否定句，由"不""未""毋""莫"等否定词表示。在这种情况下，代词宾语要放在动词之前和否定词之后。

167

话，还可以说出它的意义、影响或后果。

总之，世界上的事物没有不能分析的，分析出来的结果没有不能综合的，写文章的时候，也就是按照我们分析综合的层次和步骤去安排材料。不过有两个要点，需要特别注意。第一，分析事物必须从正确的观点和一定的角度出发，这样分析出来的结果才不至于错误，才不至于驴唇不对马嘴。比方，要是一个人用封建社会的旧观点来分析现在的这些新事物，他一定会得到许多错误的印象和结论。要是分析一间房子的时候把握不住一定的角度，一会儿说到色彩，一会儿说到质料，一会儿说到里面住的人，一会儿说到门前的一棵树，一会儿又重新说到大小、门窗，这样零零乱乱地分析下去，一定会使人家捉摸不出我们到底想要说明些什么。第二，分析出来的许多方面或部分必须适当地布置一下，想一想哪一方面应该先说，哪一方面应该后说。否则，乱七八糟地堆在一起，就显示不出它们内在的联系来了。

以上说的是安排材料的基本原则。可是分析综合的步骤不全相同，文章的性质不止一种，作者的风格也有差异，所以安排起来也就有多种多样的方式。拿分析事物来说，我们可以由外向内分析，也可以由内

★ 例如：
《硕鼠》："三岁贯汝，莫我肯顾。""莫我肯顾"应理解为"莫肯顾我"。

向外分析；可以由远而近，也可以由近而远；可以由上而下，也可以由下而上；可以单从某一个角度去分析，也可以从好几个角度去分析；可以先从一个角度去分析，再从另一个角度去分析，也可以有计划地从好几个角度交错着去分析。这样，材料的安排，也就有了多种多样的可能。从前讲文章的书上喜欢用"层层深入""抽茧""剥蕉"之类的说法，大体上讲，无非指的分析事物的步骤和方式，并没有什么玄妙。再拿文章的性质说，有的需要详，有的需要简；有的需要很平直，有的需要有点起伏或曲拆。总之，只要把握住分析综合这个基本原则，多留心好作品里安排材料的办法，自己写起文章来，就不难根据具体情况去灵活运用了。不过要想材料安排得好，在动笔之前先要想成熟，先把安排的办法计划好，这样写起来才不至于零乱。先写概要，是初学写作的人很应该学习的一种方法。

（二）段落的划分

　　上一节我们谈过怎样安排材料。按照安排材料的层次和步骤来划分段落，是最稳妥、最常用的办法。

　　在叙事的文章里，如果全篇的叙述完全是按照事

★　B. 疑问句中代词宾语前置：文言文中用疑问代词"谁""何""奚""安"等作宾语时往往放在动词的前面。
例如：《鸿门宴》："良问曰：'大王来何操？'""何操"应理解为"操何"。

情发展的时间先后安排的，段落也就可以根据时间的进展来划分。例如朱自清《背影》：

> 我与父亲不相见已二年余了，我最不能忘记的是他的背影。
>
> 那年冬天，祖母死了，父亲的差使也交卸了，正是祸不单行的日子。我从北京到徐州打算跟着父亲奔丧回家。到徐州见着父亲，看见满院狼藉的东西，又想起祖母，不禁簌簌地流下眼泪。父亲说，"事已如此，不必难过，好在天无绝人之路！"
>
> 回家变卖典质，父亲还了亏空；又借钱办了丧事。这些日子，家中光景很是惨淡，一半为了丧事，一半为了父亲赋闲。丧事完毕，父亲要到南京谋事，我也要回北京念书，我们便同行。
>
> 到南京时，有朋友约去游逛，勾留了一日；第二日上午便须渡江到浦口，下午上车北去。父亲因为事忙，本已说定不送我，叫旅馆里一个熟识的茶房陪我同去。他再三嘱咐茶房，甚是仔细。但他终于不放心，怕茶房不妥帖；颇踌躇了一会。其实我那年已二十岁，北京已来往过两三次，是没有什么要紧的了。他踌躇了一会，终于决定还是自己送我去。我再三劝他不必去；他只说，"不要紧，他们去不好！"
>
> 我们过了江，进了车站。我买票，他忙着照看行李。行李太多了，得向脚夫行些小费才可过去。他便又忙着和他们讲价钱。我那时真是聪明过分，总觉他说话不大漂亮，非自己插嘴不可，但他终于

★ C.介词宾语提前：在现代汉语中，介词后面跟着宾语，组成介宾结构，用来修饰动词谓语。在文言文中，介词宾语往往置于介词之前，形成一种倒置的现象。
例如：《岳阳楼记》："噫！微斯人，吾谁与归？""谁与归"应理解为"与谁归"。

讲定了价钱；就送我上车。他给我拣定了靠车门的一张椅子；我将他给我做的紫毛大衣铺好座位。他嘱我路上小心，夜里要警醒些，不要受凉。又嘱托茶房好好照应我。我心里暗笑他的迂；他们只认得钱，托他们只是白托！而且我这样大年纪的人，难道还不能料理自己么？唉，我现在想想，那时真是太聪明了！

　　我说道，"爸爸，你走吧。"他往❶车外看了看说："我买几个橘子去，你就在此地，不要走动。"我看那边月台的栅栏外有几个卖东西的等着顾客。走到那边月台，须穿过铁道，须跳下去又爬上去。父亲是一个胖子，走过去自然要费事些。我本来要去的，他不肯，只好让他去。我看见他戴着黑布小帽，穿着黑布大马褂，深青布棉袍，蹒跚地走到铁道边，慢慢探身下去，尚不大难。可是他穿过铁道，要爬上那边月台，就不容易了。他用两手攀着上面，两脚再向上缩；他肥胖的身子向左微倾，显出努力的样子，这时我看见他的背影，我的泪很快地流下来了。我赶紧拭干了泪。怕他看见，也怕别人看见。我再向外看时，他已抱了朱红的橘子往回走了。过铁道时，他先将橘子散放在地上，自己慢慢爬下，再抱起橘子走。到这边时，我赶紧去搀他。他和我走到车上，将橘子一股脑儿放在我的皮大衣上。于是扑扑衣上的泥土，心里很轻松似的。过一会说："我走了，到那边来信！"我望着他走出去。他走了几步，回头看见我，说："进去吧，里边没人。"等他的背影混入来来往往的人里，再

❶ 往：原书写为"望"。

★ D. 特殊结构：用"之""是"将宾语提前。例如：《公输》："宋何罪之有？"（宋国有什么罪过？）

找不着了，我便进来坐下，我的眼泪又来了。

近几年来，父亲和我都是东奔西走，家中光景是一日不如一日。他少年出外谋生，独立支持，做了许多大事。那知老境却如此颓唐！他触目伤怀，自然情不能自已。情郁于中，自然要发之于外；家庭琐屑便往往触他之怒。他待我渐渐不同往日。但最近两年的不见，他终于忘却我的不好，只是惦记着我，惦记着我的儿子。我北来后，他写了一信给我，信中说到，"我身体平安，惟膀子疼痛厉害，举箸提笔，诸多不便，大约大去之期不远矣。"我读到此处，在晶莹的泪光中，又看见那肥胖的、青布棉袍黑布马褂的背影。唉！我不知何时再能与他相见！

如果文章的主要内容是描述人物的，段落就可以拿人物作主体来划分，每一段写一个人，或是写几个互相关联的人。例如丁玲《太阳照在桑乾河上》第二章"顾涌的家"：

打14岁就跟着哥哥来到了暖水屯，顾涌那时是个拦羊的孩子，哥哥替人揽长工。兄弟俩受了48年的苦，把血汗洒在荒瘠的土地上，把希望放在那上面，一年一年地过去，他们经过了一个朝代又一个朝代，被残酷的历史剥蚀着，但他们由于不气馁的勤苦，慢慢地有了些土地，而且在土地上抬起头来了，因为家属的繁殖，不得不贪婪地去占有土地，也更由于劳动力多，全家16口人，无分男

* E.普通宾语前置：对于一般性的宾语前置，大家要注意语感。

女老幼，都要到地里去，大家征服土地，于是土地的面积，一天天推广，一直到不能不临时雇上一些短工，于是穷下来的人把红契送到他家里去，地主家的败家子在一场赌博之后也要把红契送给他，他先用一张纸包契约，后来换了块布，再后来就做了一个小木匣子。他又买了地主李子俊的房子，有两个大院，谁都说这么**❶**多年来就他们家有风水，人财两发。

他的第三个儿子顾顾，更有了进学校的福气，拿回过一张初级小学毕业文凭，他能写能算，劳动也好，是一个诚实的青年，在村子上也参加些活动，他是青联会的副主任。这主任只要不太妨碍他的生产，他父亲并不反对。

他的大女儿嫁到八里桥胡泰家，胡泰家里很不错，这两年又置了车，又有了磨坊，八里桥在铁路线上，他们家又做运销生意，妇女们便不需要到地里去，慢慢还有点繁华，爱穿点洋货，大姑娘已经二十八九了。二姑娘嫁给本村钱文贵的小儿子钱义，钱文贵是本村数一数二的有名人物，他托人来问聘，顾涌心里嫌他们不是正经庄稼主，不情愿，可是又怕得罪他，只好答应了。女儿嫁了过去，常常回到娘面前哭哭啼啼，但生活上总算比在娘家还好，他们家里的妇女，也是不怎么劳动，他们家里就没有种什么地，他们是靠租子生活，主要的还是靠钱文贵能活动。所以钱家不过六七十亩地，日子却过得比一般人都要舒服，都有排场。……

前面说过，说话得有层次、有步骤，而层次和步

❶ 这么：原书为"这末"。

★ 文言文中，动词或介词的宾语，一般置于动词或介词之后，但在一定条件下，宾语会前置，其条件是：第一、疑问句中，疑问代词作宾语，宾语前置。这类句子，介词的宾语也是前置的。如："沛公安在？"（司马迁《史记·项羽本纪》）这种类型的句子关键是作宾语的疑问代词（如：谁、何、奚、曷、胡、恶、安、焉等）。值得注意的是，介词"以"的宾语比较活跃，即使不是疑问代词，也可以前置。如："余是以记之，以俟观人风者得焉。"（柳宗元《捕蛇者说》）其中的"是"是一般代词，但也前置了。

骤是跟着思路来的，所以文章里的材料，也得按照思路去安排，才能脉络分明，条理不乱，让读者抓得住主题，领会得透彻。分段的主要任务就是用段落的形式来帮忙，把作者的思路表现出来。一个段落结束了，读者就知道是一层意思说完了，下面说的是另一层意思了。这样，读者的思路也就无形之中和作者的思路协调起来，跟着作者的思想一同向前发展。所以我们说，按照安排材料的层次和步骤来划分段落，是最稳妥的办法。以上就是用这种办法划分段落的几个例子，读者可以参照着这点说明去作进一步的研讨。

划分段落另有几种作用，也很值得我们注意。

下面是鲁迅《藤野先生》的头三段的原文：

东京也无非是这样。上野的樱花烂漫的时节，望去确也像绯红的轻云，但花下也缺不了成群结队的"清国留学生"的速成班，头顶上盘着大辫子，顶得学生制帽的顶上高高耸起，形成一座富士山。也有解散辫子，盘得平的，除下帽来，油光可鉴，宛如小姑娘的发髻一般，还要将脖子扭几扭。实在标致极了。

中国留学生会馆的门房里有几本书买，有时还值得去一转；倘在上午，里面的几间洋房里倒也还可以坐坐的。但到傍晚，有一间的地板便常不免咚咚咚地响得震天，兼以满房烟尘斗乱；问问精通

★ 第二、文言否定句中，代词作宾语，宾语前置。这类句子有两点要注意，一是否定句（一般句中必须有"不""未""毋""无""莫"等否定词）；二是代词作宾语。如："时人莫之许也。"（陈寿《三国志·诸葛亮传》）正常语序应该是"时人莫许之也"。

时事的人，答道，"那是在学跳舞。"

　　到别的地方去看看，如何呢？

　　第一、二段写出"清国留学生"在东京的生活和作者对这种乌烟瘴气的景象的不满。第四段以后写作者离开东京到仙台后的情形。第三段"到别的地方去看看，如何呢？"虽然只有一句话，却起到承上启下的作用。如果没有这一段作过渡，前后思路就不连贯。

　　这样看起来，第三段虽是短短的一句话，却非得自成一段不可。像这样的小段落，我们可以管它叫"过渡段"，它的作用是把读者的思想从前边那一段"过渡"到后面的各段来，像架了一座桥一样。用旧的说法，这就是所谓"承上启下"的段落。"承上"是说接着上面的意思来，"启下"是说由它引到下文的意思去。这种段落的用处很大，值得我们细心体会。有些文章读起来觉得很费劲，好像上段跟下段不接气似的，往往是由于缺少了必要的"过渡"。

　　下面我们再看段落的另一种作用。例子是鲁迅的《一件小事》的第一段和第二段：

　　　　我从乡下跑到京城里，一转眼已经6年了。其间耳闻目睹的所谓国家大事，算起来也很不少；但在我的心里都不留什么痕迹。倘要我寻出这些事的

＊ 第三、用"之"或"是"把宾语提至动词前，以突出强调宾语。这时的"之"只是宾语前置的标志，没有什么实在意义。如："句读之不知，惑之不解。"（韩愈《师说》）有时，还可以在前置的宾语前加上一个范围副词"唯"，构成"唯……是……"的格式。如："唯利是图""唯命是从"等。

影响来说，便只是增长了我的坏脾气，——老实说，便是教我一天比一天地看不起人。

　　但有一件小事，却于我有意义，将我从坏脾气里拖开，使我至今忘记不得。

从这两段的意思上来看，第二段未尝不能并在第一段里，因为两段所讲的无非是一个意思的两面，共同作为全篇文章的引子："看过许多所谓大事，并不值得记，倒是有一件小事，很有意义。"

可是，这篇文章的题目就是《一件小事》，第三段以下，全篇所讲的也就是那件"小事"，可见这件所谓"小事"是特别重要的。如果把第二段并在第一段里，读者看了这合并成的一段文章，心理上还不能充分理解到这件"小事"有这么大的重要性，看下去虽然能懂，领会的程度却大大地打了折扣，因为它给读者的启示或心理准备还不够。现在用段落的形式使这件小事显得突出，让读者先有了数儿，继续读下去，印象自然特别清晰。本来不必独立的一段，使它独立起来，足以加强它的力量。这也是划分段落时值得注意的一点。

一篇文章的开头写得好，往往可以创造出一种气氛，提起全篇的精神，一开头就把读者的情绪融合到

★ 第四、介词宾语前置除了第一种情况外，还有一种情况，就是方位词、时间词作宾语时，有时也前置。如："亚父南向坐。"（司马迁《史记·项羽本纪》）意思是"亚父面向南坐。"

文章里去。许多文章的第一段都写得很短，很有力量，主要的作用就是一方面接触到主题，一方面创造出一种气氛来。《新儿女英雄传》，第一回开头的一段只是这么一句话："牛大水21岁了，还没娶媳妇。"把这一句并到第二段里去，在意思上未尝不可以（第二段是："他娘已经去世，家里只有老爹和一个小兄弟，没个娘们家，过日子真难啊！"）；可是这样一并，给读者的印象却大不相同了。关于文章的开头，请参看第三节，这里不多说了。

划分段落还有一种作用，可以用赵树理《登记》这篇小说开头的一部分作例子：

> 诸位朋友们：今天让我来说个新故事。这个故事题目叫《登记》，要从一个罗汉钱说起。
>
> 这个故事要是出在30年前，"罗汉钱"这东西就不用解释；可惜我要说的故事是个新故事，听书的朋友们又有一大半是年轻人，因此在没有说故事以前，就得先把"罗汉钱"这东西交代一下：
>
> 据说罗汉钱是清朝康熙年间铸的一种特别钱，个子也和普通的康熙钱一样大小，只是"康熙"的"熙"字左边少一直画；铜的颜色特别黄，看起来有点像黄金。相传铸那一种钱的时候，把一个金罗汉像化在铜里边，因此一个钱里有3成金。这种传说可靠不可靠不是我们要管的事，不过这种钱确实

★ F. 定语后置：在古汉语中将定语移置在中心词之后的现象。定语后置一般有三种情况：

① 中心词＋定语＋者或中心词＋之＋定语＋者。

如：楚人有涉江者。（《吕氏春秋·察今》）石之铿然有声者，所在皆是也。（苏轼《石钟山记》）

有点可爱——农村里的青年小伙子们，爱漂亮的，常好在口里衔一个罗汉钱，和城市人们爱包镶金牙的习惯一样，直到现在还有些偏僻的地方仍然保留着这种习惯；有的用五个钱叫银匠给打一只戒指，带到手上活像金的。不过要在好多钱里挑一个罗汉钱可很不容易：兴制钱的时候，聪明的孩子们，常好在大人拿回来的钱里边挑，一年半载也不见得能碰上一个。制钱虽说不兴了，罗汉钱可是谁也不出手的，可惜是没有几个。说过了钱，就该说故事：

我们看，第一段的主要作用在于引出故事中一件有关的东西——"罗汉钱"，从而提起读者的兴趣。第二、第三两段就是交代这"罗汉钱"的。第三段末尾的一句结束了关于"罗汉钱"的交代，打开了故事的关键。很明显，"罗汉钱"虽然是故事里一件有关的东西，但毕竟不是故事的主体，所以第二、第三两段在全篇故事中算是"插叙"部分。插叙部分最好标明出来，不让它跟主体相混。第一段和第三段末尾那句话，就有标示插叙部分的作用。为了明白显示这作用，"说过了钱，就该说故事"这一句，未尝不可以单独成一小段。不过，这个句子既是这么短，而插叙的部分也并不长，所以就并在第三段的末尾了。

故事是这样说下去的：

★ ②中心词＋之＋形容词（定语）。
如：蚓无爪牙之利，筋骨之强，上食埃土，下饮黄泉，用心一也。（荀子《劝学》）
带长铗之陆离兮，冠切云之崔嵬。（屈原《涉江》）

有个农村叫张家庄。张家庄有个张木匠。张木匠有个好老婆，外号叫个"小飞蛾"。小飞蛾生了个女儿叫"艾艾"，算到1950年阴历正月十五元宵节，虚岁20，周岁19。庄上有个青年叫"小晚"，正和艾艾搞恋爱。故事就出在他们两个人身上。

　　照我这么说，性急的朋友们或者要说我不在行："怎么一个'罗汉钱'还要交代半天，说到故事中间的人物，反而一句也不交代？照这样说下去，不是五分钟就说完了吗？"其实不然：有些事情不到交代时候，早早交代出来是累赘；到了该交代的时候，想不交代也不行。闲话少说，我还是接着说吧：

　　张木匠一家就这么三口人——他两口子和这个女儿艾艾——独住一个小院：他两口住北房，艾艾住西房。今年（1950年）阴历正月十五夜里，庄上又要玩龙灯，张木匠是老把式，甩尾巴的，吃过晚饭丢下碗就出去玩去了。艾艾洗罢了锅碗，就跟她妈相跟着，锁上院门，也出去看灯去了。后来三个人走了个三岔：张木匠玩龙灯，小飞蛾满街看热闹，艾艾可只看放花炮起火，因为花炮起火是小晚放的。艾艾等小晚放完了花炮起火就回去了，小飞蛾在各街道上飞了一遍也回去了，只有张木匠不玩到底放不下手，因此他回去得最晚。

　　艾艾回到北房里等了一阵等不回她妈来，就倒在她妈的床上睡着了。小飞蛾回来见闺女睡在自己的床上，就轻轻推了一把说："艾艾！醒醒！"艾

★　③中心词+数量词（定语）。

　　如：马之千里者，一食或尽粟一石。（韩愈《马说》）

　　我持白璧一双，欲献项王；玉斗一双，欲与亚父。（司马迁《史记·项羽本纪》）

❶ 明了：原书为"明瞭"。

艾没有醒来，只翻了一个身，有一个明晃晃的小东
西从她衣裳口袋里溜出来，叮铃一声掉到地下，小
飞蛾端过灯来一看："这闺女！几时把我的罗汉钱
偷到手？"她的罗汉钱原来藏在板箱子里边的首饰
匣子里。这时候，她也不再叫艾艾，先去放她的
罗汉钱。她拿出钥匙来，先开了箱子上的锁，又
开了首饰匣子上的锁，到她原来放钱的地方放钱：
"咦！怎么我的钱还在？"摸出来拿到灯下一看：
一样，都是罗汉钱，她自己那一个因为隔着两层木
头没有见过潮湿气，还是那么黄，只是不如艾艾那
个亮一点。她看了艾艾一眼，艾艾仍然睡得那么
憨（酣）。她自言自语说："憨闺女！你怎么也会干
这个了？说不定也是戒指换的吧？"她看看艾艾的
两只手，光光的；捏了捏口袋，似乎有个戒指，掏
出来一看是顶针圈儿。她叹了一口气说："唉！算
个甚？娘儿们一对戒指，换了两个罗汉钱！明天叫
五婶再去一趟赶快给她把婆家说定了就算了！不要
等闹出什么故事来！"她把顶针圈儿还给艾艾装回
口袋里去，拿着两个罗汉钱想起她自己那一个钱的
来历。

　　故事开始在1950年的阴历正月十五，可是说到这
里，说不下去了。因为，"小飞蛾"的这个"罗汉钱"，
显然有点文章在里面，而她这段文章又显然跟现在所
讲的故事大有关系。那么，为了让读者明了❶这有关
的一段来历，必须回头去追述一下，也就是说，必须

180

来一段插叙了。插叙得标明出来，于是接下去有这样一小段：

> 这里就非交代一下不行了。为了要说明小飞蛾那个罗汉钱的来历，先得从小飞蛾为什么叫"小飞蛾"说起。

接着就讲"小飞蛾"以前是怎样的人，为什么叫这么个名字，她的"罗汉钱"是怎么一段故事，等等。因为这一段插叙内容不太简单，所以写得相当长，一共 11 段。这样，插叙部分完了之后，就又得标示一下，把读者的思想拉回头，拉到插叙之前的那个接头处去。这个任务是由下面这样一段来担负的：

> 以前的事已经交代清楚，再回头来接着说今年（或说 1950 年）正月十五夜里的事吧：

插叙，原是叙事的手法，而段落的划分，很可以帮助这类手法的运用。

以上，除去按照安排材料的层次和步骤来划分段落这个总的原则之外，我们提到了段落的四种特殊的作用：过渡；加强印象；点清主题和创造气氛；表明插叙部分的起讫。段落的作用自然不止这几种，不过这几种特别重要，用处特别多，所以特地提出来说了说。

★ 插叙，原是叙事的手法，而段落的划分，很可以帮助这类手法的运用。

★ H：谓语前置：为了强
调谓语，有时将谓语置
于主语之前。这仅仅是
因为语言表达的需要。
如："甚矣，汝之不惠
（慧）！"（《列子·愚
公移山》）

❶ 两个小时：原书为"两
点钟"。

从上面这些简单的说明里，我们对于段落可以得到一点概括的认识。段当然是个形式，不过这个形式和文章内容的表达很有关系。读者看文章，看到一个段落完了，下面另起一段了，心理上一定会觉得作者的一个话头已经结束，要换一个话头了。这种心理的作用很大。"一个话头说完了"，这么一想，无意间就会把刚才看过的东西在思想里整理一下；"要换一个话头了"，这个想法会使读者的思想对于下文有了准备。譬如听报告。报告的人说到一个地方，停住了，或是挪动了一下地位，或是喝了一口茶，或是翻弄了一下讲稿，或是单纯地多停了一会儿，听的人一定会跟着也舒了一口气，心想："他说完一层意思了，接下去要说另一层意思了。"就在这当儿，刚才所听的话会很快地在脑子里温习一遍，然后聚精会神地等待下文。如果报告的人一停也不停，一连串讲上两个小时❶，听的人就得不到整理思想的机会；反之，如果三句一停，两句一顿，听的人难免觉得支离破碎，抓不住要领。划分段落也有类似的作用。分段分得好，把应该独立的地方独立起来，应该一气下去的地方一气说完，可以帮助读者理解体会。否则，如果段落分得不好，这篇文章不是显得沉闷，就是显得零乱。这样看来，段落的长短，也就无法机械地规定。该一气说完的一个意思，连写上千把字也不算长；该突出的，该让它独立的，需要句把话把读者的思路过渡一下的，几个字作成一段也不算短。分段是个形式，形式总得听从内容的支配。

（三）开头和结尾

文章的开头和结尾是十分重要的，因为这两部分给读者的印象最深。当然，开头和结尾不是另外安上去的，而是全文的两个有机的部分。全文的材料是这样安排的，就一定要求开头这样说，结尾那样说；材料安排不同，当然也要不同的开头和结尾，不过，一方面适合着全文材料的要求，同时把开头和结尾的说法加以选择，加以锤炼，还是可能的，也是必要的。疲弱无力的甚至庸俗的开头和结尾，常常使文章受到很大损失，也就使文章收不到良好的表达效果。下面两节分别谈一谈开头和结尾。

1. 开头

文章的开头最难写。不仅我们这样说，大作家也这样说。"开头第一句是最困难的。好像在音乐里定调一样，往往要费好长的时间才找到它。"这是高尔基

* 文章的开头和结尾是十分重要的，因为这两部分给读者的印象最深。

说的。

第一句为什么这样难呢？因为它是全篇文章的开路先锋。路开不好，后头的人走起来就要费劲了。作文章的第一个目的就是要人家读；读了以后，我们的文章才会发生作用。如果第一句写得不带劲，抓不住读者，人家也许干脆不读下去；就是勉强读了，也很可能由于这不大好的第一个印象，使我们全篇文章的效果打了折扣。反之，如果第一句写得好，不但可以引起读者的兴趣，使他心甘情愿地看下去，而且还可以创造出一种气氛，提起全篇的精神，一开头就把读者的情绪融合到文章里去。

作文章的人个个明白这层道理，所以这第一句就迟迟不敢下笔。

这么说来，怎样把文章的开头写好，有没有个原则呢？有。

别林斯基是这样告诉我们的："假如第一行落笔太远，那么这篇论文一定是废话连篇，离题千里；假如第一行就接触到主题，那么这篇论文就是好文章。"简单地说，就是不讲闲话，不来变戏法的那套开场白，一开幕就把真玩意儿拿出来。

1946年，我们招待所里有个挺奇怪的炊事员。

★ I：固定句式。
如：吾孰与徐公美？
《战国策·邹忌讽齐王纳谏》孰与，与……比怎么样？
日食饮得无衰乎？《战国策·触龙说赵太后》得无，该不会，表揣测的疑问词。

他有30多岁，右半边脸上有块大疤，是个独眼龙，名字叫熊老铁，人们却有时叫他铁老熊。他那长相也真是名副其实，矮墩墩个儿，浑身疙瘩肉，真像个铁人样。

（秦兆阳[1]:《炊事员熊老铁》）

我们写信、写日记、笔记、报告、评论以及小说、话剧，都用散文。我们的刊物（除了诗歌专刊）和报纸上的文字绝大多数是散文。我们的书籍，用散文写的不知比用韵文写的要多多少倍。

看起来，散文实在重要。在我们的生活里，一天也离不开散文。我们都有写好散文的责任。

（老舍:《散文重要》）

这两个例子，虽然一个是小说，一个是论文，可是开口就讲主题，这一点是一样的。

开头就接触主题，可以说是一个总原则。那么，细讲起来，这主题该怎么接触法呢？希望接触出个什么效果来呢？

恩格斯在马克思墓前演说的第一句是这样说的:

3月14日下午两点三刻，这位当代最伟大的思想家停止思想了。

短短的一句话，给听者一种什么感觉呢？庄严，沉痛，对死者的景仰。朱德《回忆我的母亲》的开头:

得到母亲去世的消息，我很悲痛。我爱我母

[1] 秦兆阳（1916-1994）:作家，新中国成立后曾任《人民文学》副主编、《文艺报》执行编委。

亲。特别是她勤劳一生，很多事情是值得我永远回忆的。

鲁迅为悼念被害的革命作家柔石等所写的《写于深夜里》的开头：

> 野地上有一堆烧过的纸灰，旧墙上有几个划出的图画，经过的人是大抵未必注意的，然而这些里面，各各藏着一些意义，是爱，是悲哀，是愤怒……而且往往比叫了出来的更猛烈。

前面这三个例子有一个共通点：一开头就把要说的最主要的话说出来，把最真实的情感放进去，造成了一种沉痛悲悼的气氛。李广田❶《谈散文》的第一句就是个"散文"的调子，使全篇都带上了散文的味儿：

> 散文的特点就是"散"。

鲁迅《药》的第一句虽然没说出"药"字来，却也替全篇蒙上了一层阴沉沉的冷气：

> 秋天的后半夜，月亮下去了，太阳还没有出，只剩下一片乌蓝的天；除了夜游的东西，什么都睡着。

以上是说开头第一句就把握好全篇的精神，创造出一种气氛，控制住读者的情绪。

"开门见山"的写法，还可以一上来就替读者提出

❶ 李广田（1906-1968）：作家，代表作有《雀蓑集》《画廊集》《银狐集》《日边随笔》等。

186

一个问题，使读者感觉到解决这个问题的需要。问题的提法可以是直接的，也可以是间接的。陶行知[1]《文化解放》的头一句：

> 文化是什么？初看起来是一个很容易答复的问题，但是仔细想一下，却有些困难。

这是直接提了个问题。下面几个例子里，作者没提问题，却自然地在读者思想里形成了个问题，使读者觉得非弄清楚了不痛快：

> 文学的存在条件首先要会写字，那么，不识字的文盲群里，当然不会有文学家的了。然而作家却有的。
>
> （鲁迅《不识字的作家》）

为什么没有文学家倒会有作家呢？

> 凡是有志于创作的青年，第一个想到的问题，大概总是"应该怎样写"。
>
> （鲁迅：《不应该那么写》）

是呀，这么想有什么不对吗？

> 我常常想，说话的人跟听话的人不宜取同样的态度。
>
> （叶圣陶：《说话与听话》）

为什么？说话的人要取什么态度？听话的人又要

① 陶行知（1891-1946）：著名教育家。著作编为《陶行知全集》（六卷）、《普及教育》（三集）等。

取什么态度?

不仅能在读者的思想里形成问题,还可以鼓起读者的兴趣。茅盾的《剥落"蒙面强盗"的面具》第一句说:

> 听说美国学校图书馆里的马克·吐温的著作最近都忽然"失踪"了。

读者看了这一句,一定会想:"'著作'会'失踪',这是怎么一回事儿?"叶圣陶《邻舍吴老先生》的第一句说:

> 一天早晨,太阳很好,可没见同院住的邻舍吴老先生出来晒他的手提皮箱。

读者一定觉得:"吴老先生有个手提皮箱,还要常常拿出来晒,今天不来晒,作者就奇怪了,这里边一定有点缘故。"老舍《骆驼祥子》的第一句说:

> 我们所介绍的是祥子,不是骆驼,因为"骆驼"只是个外号。

"祥子为什么有这么个怪外号?这也值得拿来写文章?倒要看看"。读者一定这么想。

开头就接触主题,当然还有各种各样的接触法,还可以接触出各种各样的效果来。这里,不再多举例子了。

★ 现代汉语句式:
现代汉语的句式十分丰富,常见的句式有:长句和短句、主动句和被动句、肯定句和否定句、陈述句和疑问句、单句和复句、口语句式和书面语句式、常式句和变式句、整句和散句。

说到这儿，很自然地会产生一个问题：文章的开头是不是一句闲话都不能说，一上来就得把这篇文章的最重要的话说出来呢？不。所谓开头就接触主题，并不是这么机械的。必要的时候，多说几句并不多余，有时还非得多说几句不可。比方，说明一件事情或者一个道理，或是讨论一个问题的时候，如果这件事情、这个道理或问题不是很普通的，不是人人都知道的，开头就需要先向读者解释解释，交代一番。毛泽东《湖南农民运动考察报告》的开头说：

　　　　我这回到湖南，实地考察了湘潭、湘乡、衡山、醴陵、长沙五县的情况。从1月4日起至2月5日止，共32天，在乡下，在县城，召集有经验的农民和农运工作同志开调查会，仔细听他们的报告，所得材料不少。

　　就是说明考察的范围、时间和报告所根据的材料来源的。这个说明是必要的。文章的题目里用了比较特殊或比较专门的字眼儿，而这字眼儿需要读者先明白了才好读下去的时候，开头就得把这字眼儿说明一下，甚至给它下一个定义。倘若文章是记叙一件事实的，而这件事实，必须先知道了它发生的地方环境才能弄得清楚，那么，开头也不妨先把这个地方描写一

　　★（1）长句和短句：句子有长有短。所谓长句，是指词语多、结构复杂的句子，所谓短句，是指词语少、结构简单的句子（包括复句中的分句）。

189

★ 长句和短句各有各的修辞方法。长句的修辞效果是表意严密、精确、细致，短句的修辞效果是表意简洁、明快、有力。长句主要用于书面语、议论、描写之中，短句主要用于口谕、紧急场合、演讲词中。

❶ 一股脑儿：原书写作"一古脑儿"。

通。丁玲的《三日杂记》，一开头就先告诉了读者她所写的是个什么地方：

> 也许你会以为我在扯谎，我告诉你我是在一条九曲十八湾的寂静山沟里行走。

接下去还有一段很细致的描写。总之，为了把主题发挥得透彻，为了让读者了解起来方便，必须先给他一点准备材料的时候，作者不能吝惜笔墨（尤其是在长篇的著作里）；如果根本没有这种需要，最好是不说闲话，开头就接触到主题。

2. 结尾

吃过花生米的人，大都有这么一种经验：把花生米一颗一颗地往嘴里送，吃着很香甜。可是这顿花生米吃得过瘾不过瘾，最后一颗的关系很大。有时，吃到临了，碰上一颗焦的、腐坏的，弄得嘴里极不舒服，心里非常别扭，几乎把方才的香甜一股脑儿❶忘记了，于是连忙向花生皮里去拣，希望万一还能找到一颗好的，吃下去冲一冲嘴里的怪味道。

文章的结尾，多少有点像最后一颗花生米的作用。结尾写得好，足以加强文章的力量，加深读者对它的印象，写得不好，就会收到相反的效果。

结尾怎样写，自然得根据文章的性质和长短来决定，尤其重要的，得按照文章内容的发展，自然而然地达到结束；所以，不同的文章就有不同的结尾，不可能有一个无往不利的结尾公式。

虽然如此，一般的原则还是可以谈谈的。

大体说来，我们希望于文章结尾的，不外三种作用：一种是使读者对于文章的内容得到个清晰明确的印象；一种是使读者能够接受文章内容的启发，进一步去自己发现问题，思考问题；还有一种是给读者一种强有力的感应，促起读者的行动。

为了第一种目的，往往需要在结尾处把全文的内容归纳一下，简单明了地说一说，帮助读者回想和记忆。比较长篇的说理或叙事的文章，大都需要这么一种结尾。下面是一个典型的例子：

> 所受的字数限制已经超过了，所写的东西，回想一下，似乎很是含胡，有点不得要领。我把意思再综括一遍吧。
>
> 一，要想成为一个诗人或文艺家，必须有正确的思想以指导自己的生活，这思想应该是利它的、集体的，而与利己的个人主义的相为水火。
>
> 二，要作为一个作家，尤其是近代的小说家、戏剧家，必须有多方面的知识和体验，现实社会的或文献上的研究在自己所企图表现的范围内必须彻底。

★ 长句化短句可运用下面几种方法：
①把长句的附加成分抽出来，变为复句里的分句，或者单独成句。

191

三，言语文字必须熟练，要力求其大众化，近代化，明确化，精洁化，要绝对地能操纵自如，并不断地采用或制造新武器。

四，多读文艺方面的书，近代的欧洲大作家的作品是绝对好的模范，必须能多读或采用一二种精读。

❶ 年轻：原书为"年青"。

五，一切准备应赶着在年轻❶的时候着手。多写作，多改润。多请教，少发表，不要汲汲于想成名。

（郭沫若：《如何研究诗歌与文艺》）

但是，所谓归纳总结，未必一定要开列一、二、三、四。怎样总结才适宜，要看文章的内容繁复到什么程度，篇幅长到什么程度来决定。

为了同样的目的——使读者对于文章的内容得到清晰明确的印象——有时需要在结尾处把全文的主题点明一下，甚至重复点明一下。例如：

★ 例如：
许德珩同志对记者讲述了他为了救国救民，早年参加过孙中山领导的"辛亥革命"，随后积极参加五四运动、一·二九运动和反蒋抗日的斗争，曾两次坐牢、被抄家，三次他在任教的大学被解聘，历经波折。

……我们大家要学习他毫无自私自利之心的精神。从这点出发，就可以变为大有利于人民的人。一个人能力有大小，但只要有这点精神，就是一个高尚的人，一个纯粹的人，一个有道德的人，一个脱离了低级趣味的人，一个有益于人民的人。

（毛泽东：《纪念白求恩》）

点明主题，有时需要在结尾处用题目的全文或题目里的主要部分来交代一下。例如：

> ……把散文写好，我们便有了写评论、报告、信札、小说、话剧等等的顺手的工具了。写好了散文，作诗也不会吃亏。散文很重要。

也有时，如果文章的开头或别的地方点明过主题，那么，结尾处就可以用适当的办法和那里照应一下。例如：

> 习惯不嫌其多，只有两种习惯养成不得，一种是不养成什么习惯的习惯，又一种是妨害他人的习惯。

> （叶圣陶：《两种习惯养成不得》）

这篇文章的开头是这样的：

> 习惯不嫌其多，有两种习惯却养成不得，除掉那两种习惯，其他的习惯多多益善。

> 哪两种习惯养成不得？一种是不养成什么习惯的习惯，又一种是妨害他人的习惯。

丁玲有一篇短篇小说，题目是《夜》，开头这样写：

> 羊群已经赶进了院子，赵家的大姑娘还坐在她自己的窑门口捺鞋帮，不时扭转着她的头，垂在两边肩上的银丝耳环，便很利害地摇晃。羊群拥挤着朝栏里冲去，几只没有出外的小羊跳蹦着，被撞在

> ＊ 可化短句为：许德珩同志对记者讲述了他的亲身经历，早年参加过孙中山领导的"辛亥革命"，随后积极参加五四运动、一·二九运动和反蒋抗日的斗争，他曾两次坐牢、被抄家，三次他在任教的大学被解聘，历经波折。

一边，叫起来了。

很显然，这是写的黄昏时的情景。小说的结尾一段，是这样一个短短的句子：

> 天渐渐地大亮了。

这样一个结尾，很自然地使读者回想到开头，清清楚楚地点明了题目的那个"夜"字。

以上三个例子可以告诉我们，文章的结尾能够和开头互相照应，来点明主题，留给读者一个清晰有力的印象。

为了第二种目的——启发读者的思想——往往需要在结尾处用简短的几句话，把读者的思想诱导一下。在发抒情感、记叙或描写事物的文章里，尤其是在篇幅较短的杂文里，应用这类办法的更多。这种结尾的最大效果是使读者感觉到有一种不尽的余味——文章结束了，而意思并没结束，还留下了很深长的一部分让读者自己去揣摩思索。比如鲁迅在香港发表的一篇演讲，题名《无声的中国》，其中主要的意思是劝告青年们不要再作古文，要作白话文，好把中国变成一个"有声的中国"。这篇演讲的结尾是这样的：

> 我们此后实在只有两条路：一是抱着古文而死

★ ②把联合成分拆开，重复跟联合词组直接相配的成分，形成叠用句式变成复合句里的几个分句。

194

掉，一是舍掉古文而生存。

由于大家抱着古文不肯放，以致中国成为"无声的中国"，这层道理在演讲中说明过；那么舍掉古文能促使中国成为"有声的中国"这层道理便也自明。可是为什么"无声"（"抱着古文"）就得"死掉"，为什么要"生存"就得"有声"（"舍掉古文"）呢？这里面便含有很深刻的意思要读者去细心揣摩了。

鲁迅《故乡》的结尾是这样的：

> 我想：希望是本无所谓有，无所谓无的。这正如地上的路；其实地上本没有路，走的人多了，也便成了路。

"其实地上本没有路，走的人多了，也便成了路。"这句话所含的深意，需要读者去体会。

鲁迅另一篇短文《鸭的喜剧》，是为怀念爱罗先珂而写的。爱罗先珂到中国来时，正当北京在军阀的统治之下，死气沉沉，毫无生趣。所以文章的一开头说：

> 俄国的盲诗人爱罗先珂君带了他那六弦琴到北京之后不多久，便向我诉苦说：
> "寂寞呀，寂寞呀，在沙漠上似的寂寞呀！"

文章的中间记叙爱罗先珂一些琐事，末了写到他回国以后时，是这样结尾的：

★ 例如：
这种反科学的，反马克思主义的主观主义方法，是共产党、工人阶级、人民和民族的大敌，是党性不纯的一种表现。
可化短语为：这种反科学的，反马克思主义的主观主义方法，是共产党的大敌、是工人阶级的大敌、是人民的大敌、是民族的大敌，是党性不纯的一种表现。

只有四个鸭，却还在沙漠上"鸭鸭"地叫。

短短的一句话，写出了当时作者周围的气氛、作者的感觉和作者对爱罗先珂的怀念："余味无穷"四个字，这句结语无疑地可以当得起。

为了第三种目的——感动读者，促起行动——有些文章用非常简洁有力、近乎标语口号的一句话来结尾。这种情形很多，道理也很明显，举两个例子在这里，不必多谈了。

跟困难作斗争，其乐无穷。

（吴伯箫❶《记一辆纺车》）

让我们为工人诗歌的成长与繁茂而祝贺吧！

（艾青：《谈工人诗歌》）

开头就说过，怎样结尾要看文章的性质、长短和内容的发展来定，不可能找出一个万能的公式来。前面谈的几点，只是些一般性的原则，权供参考而已。

（四）上下的过渡

第二节谈分段的时候，曾经提到过一种所谓承上启下的过渡段。过渡，在写作上是很重要的一件事，值得提出来说一说。

❶ 吴伯箫（1906–1982）：当代著名文学家和教育家，作品主要有《战斗的丰饶的南泥湾》《一坛血》《黑红点》《化装》等。

走在路上遇到了一条河。想从河的这边到河的那边去，得用一只船摆渡一下，至少也得脱了鞋袜，慢慢地一步一步走过去，或是脱了衣服，游过去。总之，得想办法，硬跨是跨不过去的。

　　作文章是为了说明一个主题，就像我们走路时有个目的地一样。思考这个主题，我们是顺着一条思路想的，正如同要到目的地得顺着一条路线走。我们的思想往往是一个个段落连起来，好像我们走路时常常得一段一段走似的。思想的许多段落，有的紧紧地连接在一块儿，连成一条直线，也有的不那么笔直，中间有点转折；这个转折的地方，就仿佛是我们走在路上遇到了河。得想法渡过去，不能硬跨。

　　渡河当然是为了自己渡过去。作文章需要过渡，还不仅是为自己，更主要的却是为了读者。我们自己的思路，自己自然知道。可是读者毕竟不是我们自己。如果我们不在一段思想和另一段思想接头的地方点明一下，读者往往会摸不着头脑，只见我们纵身一跳，到了河那边，转眼就看不见跳到哪条路上去了。

　　河有各式各样的河，过渡也有各式各样的办法。我们举几个例子来看看：

　　　　有些人只会空想，不会做事。他们凭空想了许

★ ③如果一个句子的宾语中心语和它前面几个并列式的修辞语之间存在着解释或总分关系，则可把此句变换成一个解说复句。

多念头，滔滔不绝地说了许多空话，可是从来没认真做过一件事。

也有些人只顾做事，不动脑筋。他们一天忙到晚，做他们一向做惯的或者别人要他们做的事情。他们做事的方法只是根据自己的习惯，或者别人的命令，或一般人的通例。自己一向这样做，别人要他们这样做，一般人都这样做，他们就"依葫芦画瓢"，照样做去。到底为什么要做这件事，为什么要这样做，有没有更好的办法，他们从来不想一想。

……

一事不做，凭空设想，那是"空想"。不动脑筋，埋头苦干，那是"死做"。无论什么事情，工作也好，学习也好，"空想"和"死做"都不会得到进步。想和做是分不开的，一定要联结起来。

想和做怎样才能够联结起来呢？我们常常听说"从实际出发"这句话，这就是想和做联结起来的一条路。想的时候要从实际出发，就不能"空想"，必须去接近实际。怎样才能够接近实际？当然要观察。光靠观察还不够，还得有行动。举个例子来说，人怎样学会游泳的呢？光靠观察各种物体在水中浮沉的现象，光靠观察鱼类和水禽类的动作，那是不够的；一定要自己跳下水去试验，一次，两次，十次，几十次地试验，才学会了游泳。如果只站在水边，先是一阵子呆看，再发一阵子空想，即使能够想出一大堆"道理"来，自己还是不会游泳，对于别的游泳的人也没有好处。这样空想出来的"道理"其实并不算什么道理。真正的道理是在

198

行动中取得经验，再根据经验想出来的。而且想出来的道理到底对不对，还得拿行动来证明：行得通的就是对的，行不通的就是错的。

（胡绳[1]：《想和做》）

这篇文章的前几段分别说明"空想"和"死做"无论工作或学习都不会得到进步，应把想和做联结起来。后一段谈想和做怎样联结。很明显，后一段文章和前几段文章的接头处，也就是思想上两个段落的接头处。后一段落显然比前一段落更进了一步，更深了一层。而且，前边一段路是分成两股走的，一股说"想"，一股说"做"，后一段又把两股路并在一起了。如果在这个接头的地方，不点明一下，不先告诉读者（或听者）一声，读者的思想就很不容易跟上来。他摸不清前面的路要怎样走下去：仍然分成两股呢，还是合成一股；继续向前走呢，还是要转个弯儿。这样就形成了一道"河"，需要"过渡"一下。这里用的过渡办法是最后一段开头的那句话："想和做怎样才能够联结起来呢？"它在上下文中起了承前启后的作用。读者一看这个句子，马上就能明白："两股路要并成一股路，继续前进了。"也就是说，读者的心里对于下段要讲的东西先有了准备，他的思想已经由前段过渡到下

[1] 胡绳（1918-2000）：历史学家、哲学家，著有《帝国主义与中国政治》《从鸦片战争到五四运动》等。

段来。

我们再看下面这段文章——瞿秋白❶《普通中国话的字眼的研究》里第四节第一段：

> 总之，中国现代的白话文在口头上根据了言语学的自然公律，发展着许多多音节的新的字眼，——采取了许多外国字眼，运用着汉字的字根，而创造着新的字眼，所以，书面上写的文字一定要用这种真正口头上的白话做根据，这样，可以使一切字眼读出来都能够的懂得，至少是有懂的可能。这是采用罗马字母的基础。这也是事实上口头说话所自然形成的基础。

看了这段话，我们知道作者的主要意思是说，书面上写的文字一定要用口头上的话做根据，"使一切字眼读出来都能够懂得，至少是有懂得的可能"。那么，接下去该说什么了呢？文章的第二段是这么说的：

> 口头说话的字眼，就是真正白话的字眼，大概的说起来，有底下的几种规律：

一看这一段，我们立刻就知道，要说口头上的字眼的各种规律，也就是要把口头上的话这条来路分作几股走下去了。这就是一条路要分成几条路时的过渡。

不分路也不合路，继续走下去，有时也需要过渡。周扬《整顿文艺思想，改进领导工作》的演讲里，头

❶ 瞿秋白（1899–1935）：政治家、作家、文学评论家，代表作《赤都心史》《饿乡纪程》《多余的话》等。

三段提出了思想和领导这两个问题。问题既经提出之后，要怎样去进行讨论呢？读者从前面三段文章里判断不出。这样，就又用得着过渡了。

> 整顿文艺思想，改进领导工作，这就是摆在目前文艺工作日程上的一个迫切的任务。我们必须在这次整风学习中来完成这个任务。

小小的一段，却有三个用处：第一，总结了前面的话，第二，点明了主题；第三，告诉读者（或听者）这两个问题极重要，还得分别的仔细说下去，同时这两件事情是一个任务，所以它们还得结合起来。果然，下面二十几段文章就是把思想和领导这两个问题一面分开来讲，一面结合着讲的。这个例子说明，纵然思想并无分合，是继续按原路前进的，如果它的路走得更宽更远，也就是向前发展了，也得用过渡。

以上说的三种情形，不论思想是由分而合，由合而分，或是深入发展，毕竟都是继续前进的。实际作文章的时候，思想未必总是笔直的一路向前。如果它转了个弯儿，过渡就更是不可少的了。我们看朱自清《论雅俗共赏》的第一段：

> 陶渊明有"奇文共欣赏，疑义相与析"的诗句，那是一些"素心人"的乐事，"素心人"当然

★ 例子：
无产阶级必将战胜资产阶级和一切剥削阶级、社会主义必将战胜资本主义、共产主义一定能在全世界实现的历史发展总趋势是谁也改变不了的。
可化短句为：无产阶级必将战胜资产阶级和一切剥削阶级，社会主义必将战胜资本主义，共产主义一定能在全世界实现，这个历史发展总趋势是谁也改变不了的。

是雅人，也就是士大夫。这两句诗后来凝结成"赏奇析疑"一个成语，"赏奇析疑"是一种雅事，俗人的小市民和农家子弟是没有分儿的。然而又出现了"雅俗共赏❶"这一个成语，"共赏"显然是"共欣赏"的简化，可是这是雅人和俗人或俗人跟雅人一同在欣赏，那欣赏的大概不会还是"奇文"罢。这句成语不知道起于什么时代，从语气看来，似乎雅人多少得理会到甚至迁就着俗人的样子，这大概是在宋朝或者更后罢。

❶ 雅俗共赏：谓兼具优美、通俗之品格，能为不同文化水平者欣赏。

看了这一段，我们知道作者提出了一个问题：所谓"雅俗共赏"是怎么回事。可是怎样来解决这个问题呢？单看第一段还无从知道。那么赶快看第二段吧：

原来唐朝的安史之乱可以说是我们社会变迁的一条分水岭。……"雅俗共赏"似乎就是新提出的尺度成标准，这里并非打倒旧标准，只是要求那些雅士理会到或迁就些俗士的趣味，好让大家打成一片。

原来，作者的思想打了回头，要追究一下所谓"雅俗共赏"的历史根源了。可是，如果没有"原来"两个字，上来就是"唐朝的安史之乱…"，我们会不会莫名其妙起来？所以，不要瞧不起这么两个普普通通的字，却也大有过渡的效用。因为，"原来"就是追溯本源，叙述历史用的。我们一看见这两个字，就知道作者的思想调转了方向，要从头说起了。这一过渡，是全篇文章的关键。接下去由第二段起，历述初唐以下语文和社会的发展，一直说到抗日战争时为止，终于达到了目的地（结论）——"'通俗化'还分别雅俗，还是'雅俗共赏'的路，大众化却更进一步要达到那没有雅俗之分，只有'共赏'的局面。这大概也会是所谓由量变到质变罢。""原来"这两个字的重要，由此可见。

老舍有一篇文章，《我们在世界上抬起了头》。开头的两段里，作者说他活了五十多年，见过好几种不同样的国旗，先是嘴上说"爱国"，心里头觉得爱得不大自然，随后是心里头爱国而嘴上不敢说出来，到后来，"我几乎没法子爱国了，因为爱国就有罪。"接下去的三段里，作者的思路向前推进了一程，叙述祖国的确是可爱的。可是以前想爱国而不能爱和祖国的确可爱这两段思想不是笔直地连在一起的。那么，得怎么接起来呢？老舍在第三段的头上用了这么两句：

> 在这屡换国旗的期间，我到过欧美各国。一出国，我才真明白了为什么中国可爱，每逢看到自己的国旗，泪便要夺眶而出❶。

❶ 夺眶而出：谓眼泪从眼眶涌出。

有了这样两句话，便顺利地把思想渡过来了。一

方面用"屡换国旗"和"每逢看到自己的国旗"照应到前面两段的意思，同时用"明白了为什么中国可爱"引出以下的三段意思来。因为，既说"明白了为什么"，很自然的就得把这"为什么"说一说。

三段文章把"为什么中国可爱"说清楚了，路又走完一程了，但是还没有到达目的地。题目是"我们在世界上抬起了头"。祖国可爱和我们抬头这两层意思不是还隔着一条"河"吗？是的，还得过渡：

> 可是，那时候，尽管我明白了中国与中国人的伟大，我却抬不起头来。无论是在纽约、伦敦或是罗马，我都得低着头走路。……

"可是"告诉读者"意思要转折了"；"那时候"……抬不起头来"当然就隐含着"现在抬起来了"的意思。看起来像是并不重要的五个字（"可是""那时候,"），用处却的确不小——，把读者的思想由"从前"渡到"现在"来了。

从前面的这几个例子看，我们可以得到一点概略的认识：思想由好几条路并成一条路（由分着说并为总起来说）的时候，往往需要过渡一下，告诉读者"要总起来说了"。思想由一条路分成好几条路（由总着说分为分开来说）的时候，也得过渡，使读者知

* 思想由好几条路并成一条路（由分着说并为总起来说）的时候，往往需要过渡一下，告诉读者"要总起来说了"。

道"路要分岔了"。思想由浮面向深处发展（由概说进而为详说）的时候，得告诉读者，还是原路走下去，不过要走得更起劲了。这种过渡大都需要简短的几句话，照应一下前面说的，或是把前面的话大略总结一下，同时提示一下底下要说的是什么。这几句话单独成一小段，或是并在前段的末尾或下段的开头，都行，得看文章的长短和前后段的内容而定。如果思路转了弯儿，不论是回头追述，或是转向另外一层意思，更得过渡。这时，关联词语和转折词语（如"不过""但是""相反的""相对的""从另方面说"，和例子里举的"可是""原来"，等等）最有用处。需要过渡的情形和过渡的办法，当然还很多，我们这里说的只是供给参考的一个轮廓。

（五）交代和照应

说话一定要有头有尾。前边说过一句话，如果它有重要的意义，如果在前边还不能马上说得很清楚，那么总得在后边一个适当的地方照应一下。否则，前边那一句就落了空，人家不是忽略了它的重要性，就是干脆不明白为什么要说那么一句话。同样，文章的后边要说一件重要的事情，也总得先在前边一个适当

★ 前边说过一句话，如果它有重要的意义，如果在前边还不能马上说得很清楚，那么总得在后边一个适当的地方照应一下。

的地方交代一声。否则，看到后边那句话或那段话就觉得突如其来。想不出跟前边的话有什么关系。所以，交代和照应，实际上是一件事的两面。前边交代过的话，后边得有照应；后边要照应的话，前边得先有个交代。这样，文章的前后才能贯穿得起来，使读者很容易把握住全文的脉络，了解各部分的联系。忽略了交代和照应，往往使文章显得支离破碎，前言不接后语，好像在东一句西一句的，互不相关。结果，读者理解起来，势必感到很大的困难，甚至竟不能理解得完整透彻。

    不过，照应并不是随便重复。如果一个意思在前边已经很清楚的说过，没有再说的必要了——也就是，虽不再说读者也不会觉得不懂，而且前后的意思都已经贯穿起来，力量也够了——就不必再去照应。只有前边说的话还悬空。没有着落的时候，或是力量还不够的时候，才非得照应不可；只有说一件事情怕读者觉得没有来历的时候，才必得先在前边有所交代。

    请看茅盾的长篇小说《子夜》的开头两段：

      太阳刚刚下了地平线。软风一阵一阵地吹上人面，怪痒痒的。苏州河的浊水幻成了金绿色，轻轻地，悄悄地，向西流，流。黄浦的夕潮不知怎样

★ 忽略了交代和照应，往往使文章显得支离破碎，前言不接后语，好像在东一句西一句的，互不相关。

的已经涨上了，现在沿这苏州河两岸的各色船只都浮得高高地。舱面比码头还高了约莫半尺。风吹来外滩公园里的音乐，却只有那炒爆豆似的铜鼓最分明，也最叫人心兴奋。暮霭❶挟着薄雾笼罩了外白渡桥的高耸的钢架，电车驶过时，这钢架下横空架挂的电车线时时爆发出几朵碧绿的火花。从桥上向东望，可以看见浦东的洋栈像巨大的怪兽，蹲在暝色中，闪着千百只小眼睛似的灯火。向西望，叫人猛一惊的，是高高地装在一所洋房顶上而且异常庞大的 Neon（霓虹）电管广告，射出火一样的赤光和青磷似的绿焰：Light, Heat, Power！（意思是"光，热，力"）

　　这时候——这天堂般五月的傍晚，有三辆1930年式的雪铁笼汽车像闪电一般驶过了外白渡桥。向西转弯，一直沿北苏州路去了。

　　第一段有六处是描写傍晚的景色的："太阳刚刚下了地平线，"黄浦的夕潮""暮霭挟着薄雾""蹲在暝色中""闪着千百只小眼睛似的灯火""霓虹电管"。于是第二段一开头的"这时候——这天堂般五月的傍晚"，就有了依靠。同样，第一段那些描写傍晚景色的话，也就有了照应。再看，第一段说，"软风一阵一阵地吹上人面，怪痒痒的。，为什么是"软风"，不是"热风"或"朔风"或别的什么风呢？因为，第2段说了，这是5月的傍晚，春末夏初的时候。有了'5月'，"软

❶ 暮霭：黄昏时的云霞与雾气。

风"才有了着落，有了"软风"；"5 月"才有交代。

第 1 段说了个"软风"，第 2 段点明了是"5 月"。一定把季节这么交代一番，有什么用处吗？有。再翻到第 10 页上，我们看见了这样一段：

> 像一支尖针刺入吴老太爷迷惘❶的神经，他心跳了。他的眼光本能地瞥到二小姐芙芳的身上，他第一次意识地看清楚了二小姐的装束，虽则尚在 5 月，却因今天骤然闷热，二小姐已经完全是夏装；淡蓝色的薄纱紧裹着她的壮健的身体，一对丰满的乳房很显明地突出来，袖口缩在臂弯以上，露出雪白的半只臂膊。一种说不出的厌恶，突然塞满了吴老太爷的心胸，他赶快转过脸去……

原来，这个"5 月"可以帮助作者描写那位"二小姐"的浮华趋时和那位吴老太爷的道学劲儿。如果前边没有"5 月"，后边这段描写就显得有些突如其来；如果后边没有这段描写，前边那个"5 月"，也就显得是无用的废话了。

第 2 段写汽车，指明了是"1930 年式的"。这个年代有什么意义吗？有的。第 7 页上有这么一句：

> ……这时候，汽车愈走愈快，沿着北苏州路向东走，到了外白渡桥转弯朝南，那 3 辆车便像一阵狂风，每分钟半英里，1930 年式的新纪录。

❶ 迷惘：迷惑失措。

208

很明显，所谓"1930年式的"，就是最新式的，那么这个故事也一定是发生在1930年了。接下去的一段里说：

> ……可是30年前，吴老太爷却还是顶括括的"维新党"。祖若父两代侍郎❶，皇家的恩泽不可谓不厚，然而吴老太爷那时却是满腔子的"革命"思想。……

❶ 侍郎：中国古代官名，明清时代是政府各部的副部长，地位次于尚书。

试想，如果前边不先交代出"现在"是"1930年"，读者如何会知道后边这个"30年前"究竟指的是什么时候？如果后边没有这个"30年前"，那么前边的那个"1930年"，又有什么用处？

这些，都是交代和照应的效用。我们再看另一个例子——赵树理的《孟祥英翻身》。全文一共分十节，第一节是个总的交代，里面有这样一段：

> ……这地方是个山野地方，从前人们说"山高皇帝远"，现在也可以说是"山高政府远"吧，离区公所还有四五十里。为这个原因，这里的风俗还和前清光绪年间差不多：婆媳们的老规矩是当媳妇时候挨打受骂，一当了婆婆就得会打骂媳妇，不然的话，就不像个婆婆派头；男人对付女人的老规矩是"娶到的媳妇买到的马，由人骑来由人打"，谁没有打过老婆就证明谁怕老婆。

这里所交代的最主要的一点是：地方非常偏僻，"风俗还和前清光绪年间差不多：婆媳们的老规矩是当媳妇时候挨打受骂，一当了婆婆就得会打骂媳妇……男人对付女人的老规矩是'娶到的媳妇买到的马，由人骑来由人打'……"。也就是说，这个地方的封建色彩，还极端浓厚。

★ 交代出来的话，不能不照应。

交代出来的话，不能不照应。这里所交代的是个大问题：封建传统，单是轻轻的照应一下还不够。因为，如果后边的故事里仅仅说孟祥英挨了一次打，挨了一回骂，跟前边所交代的就有点不称，也就是说：前边所交代的话仍旧有点落空。好的作品是不会是这样的。我们看，在后面八节故事里（故事到第九节为止，第十节是作者的话），关于这种"旧习惯""老规矩"，明显的照应就有六处。

（一）按旧习惯，婆婆找媳妇的事，好像碾磨道上寻驴蹄印，步步不缺。（第2节第4段）

（二）就按"老规矩"，补衣服的布也不应向公公要。（第3节第1段）

（三）他（孟祥英的丈夫）一回来，按"老规矩"，自然用不着问什么理由，拉了一根棍子便向孟祥英打来。（第3节第3段）

（四）按"老规矩"，丈夫打老婆，老婆只能挨

几下躲开，再经别人一拉，作为了事。（第3节第3段）

（五）拉架的人似乎也说梅妮不对，差不多都说："要打打别处，为什么要打头哩？"这不过只是说打的地方不对罢了，至于究竟为什么打，却没人问，按"老规矩"，丈夫打老婆是用不着问理由的。（第3节第4段）

（六）按"老规矩"，媳妇出门，要是婆婆的命令，总得按照期限回来；要是自己的请求，请得准请不准只能由婆婆决定。就是准出去，也得叫媳妇看几次脸色，要是回来得迟了，可以打，可以骂，可以不给饭吃。孟祥英要领导全村妇女，按这一套"老规矩"如何做得通？《第8节第2段》

除去这六处指明了"旧习惯""老规矩"的照应以外，最后还有一处没用"老规矩"这字眼儿，而实际上是总的照应这和"光绪年间"一样的"老规矩"的：

（七）她（孟祥英的婆婆）的总结是"媳妇越来越不象个媳妇样子了。"她的脑筋里有个"媳妇样子，是这样：头上梳个笤帚把，下边两只粽子脚，滚茶做饭，碾米磨面，端汤捧水，扫地抹桌……从早起倒尿壶到晚上铺被子，时刻不离，唤着就到；见个生人，马上躲开，要是自己不宜传❶，外人一辈子也不知道自己还有个媳妇。（第8节第4段）

所有后边这些，和前边第一节的那些话，是互相

❶宜：适合，恰当。传：流传、传诵。

依靠的。少了前边的话，后边这些好像没有来历；少了后边这些，前边那段话也就飘在半空，无处生根了。

有时，文章的开头，总的发抒了一些情绪，说明要写这篇文章的动机和这篇文章所写的主要事件是什么。接下去就来详叙所要写的事情。事情写完之后，往往需要回头来照应一下，和开头那些话连贯起来。这样，不但使全篇文章有头有尾，清楚利落，而且可以加深读者的印象，引起读者的共鸣。鲁迅的《一件小事》就是很好的例子。这篇文章的开头是这样写的：

> 我从乡下跑到京城里，一转眼已经六年了。其间耳闻目赌的所谓国家大事，算起来也很不少；但在我心里，都不留什么痕迹，倘要我导出这些事的影响来说，便只是增长了我的坏脾气，——老实说，便是教我一天比一天的看不起人。

> 但有一件小事，却于我有意义，将我从坏脾气里拖开，使我至今忘记不得。

这两段话说明过去看过的许多所谓国家大事。并不值得记，倒有一件小事对"我"很有教育意义，不能忘记。这正是作者写这篇文章的原因。接下去是写这件小事。"小事"写完以后，文章的主体到此已经完全给束了，但是开头那一段所交代的话，还需要再有力的照应一下。这就是文章的最后一段：

★ 事情写完之后，往往需要回头来照应一下，和开头那些话连贯起来。这样，不但使全篇文章有头有尾，清楚利落，而且可以加深读者的印象，引起读者的共鸣。

这事到了现在，还是时时记起。我因此也时时熬了苦痛，努力的要想到我自己。几年来的文治武力，在我早如幼小时候所读过的"子曰诗云"一般，背不上半句了。独有这一件小事，却总是浮在我眼前，有时反更分明，教我惭愧，催我自新，并且增长我的勇气和希望。

这一段的第三句照应了文章开头第一段的所谓国家大事"在我心里，都没有留什么痕迹"，第一、二、四句照应了开头第二段，"我因此也时时熬了苦痛，努力的要想到我自己""教我惭愧，催我自新，并且增长我的勇气和希望"，这是对开头第二段所说的"有一件小事，却于我有意义"的内涵的进一步发挥。通过照应，使作者的思想感情表达得更加鲜明。

在说明事理的文章中，首尾照应，也是非常需要的。说明一种事理，往往得先交代一声：为什么要说这种事理，明白这种事理有什么重要性，等等。这样，等把事理说完了，就得回过头来，把开始交代的话照应一下：一方面把已经说明的事理总结起来，作出结论，一方面和开头的话连贯一气，使全篇文章成了一个完密的整体，加强了文章内容的印象和说服力。这种照应的例子很多，这里不再列举了。

总结起来说，交代和照应有各种方式。有的是在

* 在说明事理的文章中，首尾照应，也是非常需要的。

叙述事实和描写景物的中间，随时不著形迹的交代，不著形迹的照应，如《子夜》里的"软风"和"五月"等，有的需要在一次总的交代之后，反复多次的明显的来照应，如《孟祥英翻身》里的"老规矩"，有的需要在适当的地方把前边说的很重要的话重说一遍，如《一件小事》里"小事"对"我"的意义等；至于究竟该用哪一种照应的办法，要看文章的性质和具体的需要来定。

（六）详略的配合

作文章总是要告诉人家一些事情或是某种道理。不论要告诉的是什么，反正都得用好些话。既得用好些话，就必须计划一下，看看哪些地方该说详细点，哪些地方可以说简略点。要是我们把要说的话一视同仁，不分轻重，从头到尾很平均地说下去，那就势必产生两种毛病：第一，不是失之太详，显得啰嗦，就是失之太略，不够明白；第二，详略不分，话的重心也就不易显示出来，使读者很难抓住要领。

必须分别详略的道理，还不仅这一点。写文章诚然是要告诉读者一些事情或是某种道理，但是要在一篇文章里告诉得绝对周全，一丝不漏，却是极不容

★ 既得用好些话，就必须计划一下，看看哪些地方该说详细点，哪些地方可以说简略点。

易，也是并不必要，有时甚至是不很应该的。我们所要告诉的事情或道理的里面，有些是读者已经知道的，这些当然不必再说，至少不必多说，有些只要说出一点，读者就可以想到有关的其他各点，这时我们就应该留下些地步让读者去意会想象；还有些虽然可以说说，但是说起来太麻烦，又不是我们那篇文章的重点，这些就只能略带一笔，提醒读者一下，至于详细情形，只好由读者另找别的文章去补充，因为这类地方，说多了有点喧宾夺主，说少了又不明不白，反不如不说的好。凡是上面说的这些地方，就是应该略说甚至不说的。反之，不说不行的，或是我们文章重心所在的地方，就得详说。

因此，区别详略，也成了写作的重要技术之一。正好像画画儿，有的地方得重重地着色❶，有的地方只要轻描几笔，还有的地方就干脆让它空着。画儿上太素淡了，我们不容易看出名堂来；太浓重了，又觉得麻乱一团，找不着头绪。文章也是一样。

那么，什么地方该详，什么地方该略，怎么确定呢？要从两方面着眼：第一，我们的文章是写给谁读的，第二，文章的性质怎样，重点在哪里，预计的篇幅有多长。确定了读者对象，我们就可以判断：哪些

❶ 着色：原书写作"著色"。

215

地方不必多说读者就能明了，哪些地方非得仔细说说不可，哪些地方是他们需要多知道的，哪些地方是他们不需要多知道的。如果我们的文章要说明某种道理，跟这种道理不甚相干的事实就可以不说。如果我们的文章是要叙述一件事实，抽象议论的话，除非必要也就可以从略。重点，多说几句；不是重点，少说或不说。至于该详的详到什么程度，该略的略到什么程度，那又要看文章预备写成多长篇幅来决定了。

下边，我们举几个例子来看看。

讲到这里，或许有人会提出问题；如何而始能对于新事物有锐敏的感觉？如何而始能具有深入的观察力？这是不是全恃天赋，还是也可以学习而成功的？

我以为是可以学习而成功的；虽然学习的快慢和成功的大小，也和各个人才能的高低（即天赋）有些关系。那么，如何学习呢？第一，先须把我们的头脑用辩证唯物论和历史唯物论武装起来。第二，就要对于社会生活有全面的广博的知识。

关于第一点，其必要性想来是大家都早已知道了，这里不再多说。现在只就第二点略述我的见解。

我以为一个作家的最不可缺少的本领是能够系统地全面地研究问题，认识问题，从而能够发现问题，分析问题。辩证唯物论和历史唯物论就是在

★ 重点，多说几句；不是重点，少说或不说。

这一方面给我们以帮助的。然而如果我们的材料不够多，那么，自然谈不到系统的全面的研究，自然无法发现问题，分析问题。因此，积累材料，即扩大并丰富我们的生活经验，就成为必要了。我们不但对于社会生活的某一方面要有深入的体验和透彻的理解，并且对于社会生活的全面也要有基本的认识。对于全面茫无所知，就不能对于局部有深刻的理解。比方说……

　　　　　　　　　　（茅盾:《文艺创作问题》）

　　我们看，文章里已经说明，"关于第一点，其必要性想来是大家都早已知道了"，所以"这里不再多说"，于是下面一段只在第一、第二两句里把辩证唯物论和历史唯物论跟作家的关系说了一下，接下去就专从第二点（"对于社会生活有全面的广博的知识"）来发挥了。这两点所以一详一略，就是根据对象（这篇文章本来是对北京文艺干部讲演的底稿）、性质和重点（"文艺创作"》而决定的。

　　叙述事实也得分别详略。例如周立波的《暴风骤雨》中有一段描写分马的场面，对赵大嫂子、郭全海、老初、老孙头等人的描写比较详细，因为他们是元茂屯里有代表性的人物，其中对老孙头的描写尤其精采：

　　　老田头走到老孙头眼前，问道："你要哪匹

★　叙述事实也得分别详略。

217

马？""还没定弦。"

其实老孙头早相中了拴在老榆树底下的右眼像玻璃似的栗色小儿马。听到叫他的名字，他大步流星地迈过去牵上。

张景瑞叫道："瞅老孙头挑匹瞎马。"

老孙头翻身骑在儿马的光背上。小马从来没有人骑过，在场子里乱跑。老孙头揪着它的剪得齐齐整整的鬃毛。一面回答道："瞎马？这叫玉石眼，是最好的马，屯子里的头号货色，多咱也不能瞎呀。"

小猪倌叫道："老爷子加小心，别光顾说话，——看掉下来把屁股摔两半！"

老孙头说："没啥，我老孙头赶了29年大车，还怕这小马崽子？哪一号烈马我没有骑过？多咱看见我老孙头摔过跤❶呀？"

小儿马狂蹦乱跳，两个后蹄一股劲地往后踢，把地上的雪踢得老高。老孙头不再说话，两只手使劲揪着鬃毛，吓得脸像窗户纸似的煞白。马绕着场子奔跑，几十个人也堵它不住，到底把老孙头扔下地来。它冲出人群，一溜烟似的跑了。郭全海慌忙从柱子上解下青骒马，翻身骑上，撵玉石眼去了。这儿老孙头摔倒在地上，半晌起不来。调皮的人们围上来，七嘴八舌打趣他。

"怎么下来了？地上比马上舒坦？"

"这屯子还是数老孙头能干，又会赶车，又会骑马，摔跤也摔得漂亮，叭哒一响，掉下地来，又响亮又干脆！'

❶ 摔过跤：原书为"摔过交"。

218

几个人跑去扶起他来，替他拍掉沾在衣上的干雪，问他哪块摔痛了。老孙头站立起来，嘴里嘀咕着："这小家伙，回头非揍它不可！哎哟，这儿，给我揉揉。这小家伙，……哎哟，你再揉揉。"

　　　　郭全海把玉石眼追了回来，人马都气喘呼呼。老孙头跑到柴垛子边，抽根棒子，撵上儿马，一手牵着它的嚼子，一手抢起木棒，棒子落到半空，却扔在地上，他舍不得打。

　　为什么要把老孙头写得这样详细？因为他是给地主赶了29年大车的老贫农，今天终于有了自己的马了。作者淋漓尽致地写出老孙头分到马时的欢乐心情，很有典型意义。

　　小说接下去是这样写的：

　　　　继续分马。各家都分了称心的牲口。白大嫂子，张景瑞的后娘，都分到相中的硬实马。老田头夫妇牵了一匹膘肥粗壮的沙栗儿马，十分满意。李大个子不在家，刘德山媳妇代他挑了一匹灰不溜的白骟马，拴到他的马圈里。

　　这一段是略写，只是一笔带过。如果还像前面写得那样详细，不但重点不突出，而且显得拖沓。重点的地方详细说，不是重点的地方简略点说，上面的例子很可以说明这个原则。

　　描写人物也要有详有略。例如《红楼梦》第三回

★ 写作技巧
写作技巧就是表现时运用的方法，是作者为表情达意而采取有效艺术手段。写作技巧受限于作者的世界观、艺术观，同时又作用于他的写作实践，为写作活动服务。

219

写黛玉来到荣国府，第一次见到贾宝玉时，对宝玉的形象作了详细的描写：

> 一语未了，只听外面一阵脚步响，丫环进来报道："宝玉来了。"黛玉心想："这个宝玉不知是怎样个惫懒人呢！"及至进来一看，却是位青年公子：头上戴着束发嵌宝紫金冠，齐眉勒着二龙戏珠金抹额，一件二色金百蝶穿花大红箭袖，束着五彩丝攒花结长穗宫绦，外罩石青起花八团倭缎排穗褂，登着青缎粉底小朝靴；面若中秋之月，色如春晓之花，鬓若刀裁，眉如墨画，鼻如悬胆，眼若秋波，虽怒时而似笑，即瞋视而有情；项上金螭璎络，又有一根五色丝绦，系着一块美玉。

宝玉是小说的主人公，又是第一次出场，因此要着力描写，给读者留下一个完整、清晰的形象。

小说对一些次要人物（如丫环等）的描写则很简略，往往一笔带过。例如黛玉刚进荣国府时，看见丫环的打扮：

> "台阶上坐着几个穿红着绿的丫头"。
>
> "及进入正室，早有许多艳妆丽服之姬妾丫环迎着"。
>
> "本房的丫环忙捧上茶来，黛玉一面吃了，打量这些丫环们妆饰衣裙、举止行动，果与别家不同。"

叙述一件事实，或是描写一种景象，大都是要读

★ 写作方法属于艺术表现方法，常见的有：悬念、照应、联想、想象、抑扬结合、点面结合、动静结合、叙议结合、情景交融、首尾呼应、衬托对比、伏笔照应、托物言志、白描、铺垫悬念、象征、借古讽今、卒章显志、承上启下、开门见山、烘托、渲染、动静相衬、虚实相生、实写与虚写、托物寓意、咏物抒情等。表达方式就是常见的叙述、描写、抒情、议论和说明。

者从这事实或景象里体会出一些道理来。不过，要是文章的主体是叙述事实，或是描写景象的，那么，事实和景象里面所蕴藏的道理，就应该由读者自己去细心体味；作者应该给适当的提示，但不宜于作十分详细的发挥。文章要告诉读者一些事，同样也要启发读者去想。所谓含蓄，道理就在这里。

鲁迅的《一件小事》，一开头，他说，看了当时反动统治下的许多所谓"国家大事"，使他越看越生气，越看越瞧不起人，可是有一件小事，倒让他时时记着。接着就叙述那件小事：一个洋车夫无意中碰倒了一个衣衫褴褛的老妇人，在"我"看来没什么要紧；而那个车夫却诚诚恳恳地把她扶起来，搀到巡警分驻所里去。记完了这件小事之后，在结尾的地方，鲁迅写了这么几句：

> ……独有这一件小事却总是浮在我眼前，有时反更分明，教我惭愧，催我自断，并且增长我的勇气和希望。

我们看，多么深刻的意思，却只用了十九个字："教我惭愧"，为什么"惭愧"呢？看见了自己这班知识分子所能理解的，所能作的，远远比不上车夫那种真挚、忘我的精神和行为。"催我自新"，怎么"自新"

★ 我在写文章的时候，会去查找类似的文章，吸取他人的教诲，然后加上大家的教诲来写，这个就是新闻整合，新闻整合不是抄袭，而是总结。

221

法呢？向劳动大众学习。"并且增长我的勇气和希望"，为什么呢？因为从劳动大众身上看见了中华民族光明的一面，换言之，看见了中华民族的远大前途和应走的方向。把这些意思统统写在文章里不好吗？不很好。因为这篇文章的主体是记载那件小事的，主体以外的话，不该多说，说多了反会减低文章的效果。那么，一点都不说成不成呢？也不成。因为作者有义务来替读者指出正确的思想路径。如果说完了"小事"就戛然而止，读者岂不要揣测半天作者的意思，甚而会猜到错路上去吗？在这种地方，用简略的写法确是最合适的。

该详该略的原则，前边已经说了个大概。参照上面这些例子，读者不难灵活运用，根据自己的文章的读者对象、文章性质、重点和篇幅，来决定哪里详说，哪里略说或不说。进一步更广泛更深刻地研究这个问题，要靠读者再从阅读和写作中去体验了。

二 风 格

所谓风格，包括的方面是很广的。文章可以写得简洁，也可以写得详尽；可以写得明晰，也可以写得

★ 新闻整合要提取精华，让用户看到最精华的内容，要一字一字敲上去，复制的稍微篡改永远比不上大家敲上去的。

含蓄；可以写得平实，也可以写得华丽；可以写得刚健有力，也可以写得委婉细腻；诸如此类，都是所谓风格问题。

文章的风格，是根据文章内容的要求而来的。论文和小说，当然要求不同的写法；小说和新闻通讯，在繁简、详略等方面也会有不同的要求。同是论文，所论的问题，性质上又有不同，写作的目的、对象也互有差异。于是这篇论文跟那篇论文也就会有不同的风格。

然而，文章的风格跟作者个人的修养也大有关系。喜欢看小说的人，不难发现高尔基有高尔墓的特殊风格，托尔斯泰有托尔斯泰的特殊风格，法捷耶夫有法捷耶夫的特殊风格。随便拿给我们一篇丁玲的文章，一篇赵树理的文章，一篇老舍的文章，纵然没有题目，没有作者的名字，我们也不难从文章的风格上辨别出哪篇是谁写的。

学习写作的人，首先自然是要求把文章写通顺，写明白；进一步再要求把文章写得生动有力；然后，还得根据文章的性质和内容，拿稳一种适当的写法；逐渐，在不断地阅读和写作的实际练习中，也应该要求自己培养出一定的风格，使自己的文章具备一定的

★ 八大写作手法
（1）第一人称叙事法：文章的内容通过"我"传达给读者，表示文章中所写的都是叙述人的亲眼所见，亲耳所闻，或者就是叙述者本人的亲身经历，使读者得到一种亲切真实的感觉。采用第一人称叙述的人与事，只能是"我"活动范围内的人物和事件。"我"活动范围以外的人物和事情就不能写进去。

个性。

如何培养风格是个大问题，如果用最简单的一句话来说，那就是必须在写作的实践中去陶冶锻炼，不是靠一套理论就办得到的。因此，这里不想谈那些抽象的道理，只预备用些例子，简略地说明一下风格方面的几个比较重要的问题，供读者学习时参考。

（一）"简洁"和"细致"

一般说来，文章应该尽可能的写得简洁。所谓简洁，"简"固然是要紧的，而尤其值得注意的是这个"洁"字。"洁"是"干净"，把文章写得干净，就是不让文章里有一句多余的话，不让句子里有一个无用的字。一句话就能说得清楚的意思，不把它扯成两句；一个字就够了，不去用成两个字。这样写出来的文章，一定是简单短小，而蕴含丰富，让人读起来不费时间，能够很快的抓住要领，而且往往具有启发力量，一字一句都会使人细心体味。鲁迅有一篇文章谈"文艺的大众化"。这么大的一个问题，他只用了六百来字，而有关的一些重要问题，大体都说到了。像这样的文章，就可以作为"简洁"的范例。

文艺本应该并非只有少数的优秀者才能够鉴

赏，而是只有少数的先天的低能者所不能鉴赏的东西。倘若说，作品愈高，知音愈少，那么，推论起来，谁也不懂的东西，就是世界上的绝作了。

但读者也应该有相当的程度。首先是识字，其次是有普通的大体的知识，而思想和情感，也须大抵达到相当的水平线。否则，和文艺即不能发生关系。若文艺设法俯就，就很容易流为迎合大众，媚悦大众。迎合和媚悦，是不会于大众有益的。——什么谓之"有益"，非在本问题范围之内，这里且不论。

所以在现下的教育不平等的社会里，仍当有种种难易不同的文艺，以应各种程度的读者之需。不过应该多有为大众设想的作家，竭力来作浅显易解的作品，使大家能懂，爱看，以挤掉一些陈腐的劳什子。但那文字的程度，恐怕也只能到唱本那样。

因为现在是使大众能鉴赏文艺的时代的准备，所以我想，只能如此。

倘若此刻就要全部大众化，只是空谈。大多数人不识字；目下通行的白话文，也非大家能懂的文章；言语又不统一，若用方言，许多字是写不出的，即使用别字代出，也只为一处地方人所懂，阅读的范围反而收小了。

总之，多作或一程度的大众化的文艺，也固然是现今的急务。若是大规模的设施，就必须政治之力的帮助，一条腿是走不成路的，许多动听的话，不过文人的聊以自慰罢了。

文艺为什么应该大众化，大众化需要些什么条件，

★（3）顺叙法：按时间的先后顺序来叙述事情，这就跟事情发生发展的实际情况相一致，所以易于把文章写得条理清楚，脉络分明。运用顺叙，要注意剪裁得当，重点突出。否则，容易出现罗列现象，犯平铺直叙的毛病，像一本流水账，使人读了感到索然无味。

目前（鲁迅写文章的时候）应该怎么作，所有这些问题，在短短的 600 字的文章里都触及了。尤其最后一段指出真正广泛的大众化需要政治力量的帮助，"一条腿是走不成路的"，而当时的反动政治既不可能在这上面有所帮助，所以"许多动听的话，不过文人的聊以自慰罢了"，这更是蕴含很深、耐人深思的。简洁，往往可以收到这样的效果。

不但说明道理可以写得简洁，就是叙述事实，描写人物或环境，也可以写得简洁。

老舍的《骆驼祥子》是叙述旧社会里一个洋车夫的遭遇的，在叙述这些遭遇之前，对于他的出身、他怎么开始拉洋车的，应该交代一下。然而这只是交代，不是正文，所以老舍用了极节省的笔墨来作这个交代：

> 生长在乡间，失去了父母与几亩薄田，18 岁的时候便跑到城里来。带着乡间小伙子的足壮与诚实，凡是以卖力气就能吃饭的事他几乎全作过了。可是，不久他就看出来，拉车是件更容易挣钱的事；作别的苦工，收入是有限的；拉车多着一些变化与机会，不知道在什么时候与地点就会遇到一些多于所希望的报酬。

我们看，叙述祥子的出身，只用了一句话，总共 27 个字；叙述他来到城里还没拉车的时候的情形，也

★（4）倒叙法：倒叙并不是把整个事件都倒过来叙述，而是除了把某个部分提前外，其他部分仍是顺叙的方法。

是用了一句话，总共 32 个字；叙述他拉洋车的动机，还只是一句话，不过略微长一点，67 个字。

杨朔的《金星奖章》里写人民志愿军金星英雄胡修道的家庭出身，只用了这样三句话：

> 胡修道出生在四川金堂县。父亲是个庄稼人，劳累一辈子，只有鞋底大一小块地，在大山坡上，上粪时粪桶都放不稳。土也浅，才几寸深，下面是石头，什么都长不好。

鲁迅的《药》，开头描写环境，也是极其简洁的，话少，可是足够完成描写环境、创造气氛的任务：

> 秋天的后半夜，月亮下去了，太阳还没有出，只剩下一片乌蓝的天；除了夜游的东西，什么都睡着。

初学写作的人，往往不知道怎样去选择材料、剪裁材料，因而把不必多说的地方拉拉扯扯地写了很多，在遣词造句方面也往往不会精简笔墨，弄得句子老长，拖沓累赘，毫无力量。这种毛病是初学写作的人最容易犯的，一般叫作"冗赘"。冗赘是文章的大病，因为足以浪费读者的时间精神，收不到文章预期的效果。所以学习写作的人，一开始就应该在简洁这两个字上多下工夫。

需要当心的是，所谓简洁是不说多余的话，不用

*　采用倒叙的情况一般有三种：一是为了表现文章中心思想的需要，把最能表现中心思想的部分提到前面，加以突出；二是为了使文章结构富于变化，避免平铺直叙；三是为了表现效果的需要，使文章曲折有致，富有悬念，引人入胜。倒叙时要交代清楚起点。

可有可无的字，并不是硬把非有不可的字、句删去。当说的话不说，或是不说清楚，当用的字不用，或是不用够分量，那就不成其为简洁，反而成为"晦涩"了。初学写作的人，同样容易犯这种毛病。他不为读者着想，不把应该详细说明的地方说得充分，甚至于把读者当成了自己，自己既已明白，读者应该也能明白，何必多说呢。这样一来，许多地方就得要读者去猜谜语。猜得出还好，猜不出或是猜错了，就会造成错误。

我们必须认识：简洁的对面是冗赘。所谓冗赘，是说了不必说的话，用了不必用的字。必须说、必须多说的地方，我们还是要详详细细地说，纵然多用些话，那是细致，不是冗赘，而细致跟简洁之间是丝毫没有冲突的。

鲁迅是不主张多用笔墨来描写景物的，他认为文章应该干干净净，直截了当，像过年时贴的年画似的，不多用背景来衬托。可是在必要的地方，他照样也写景物，而且写得很细致。《风波》里就有这么一段：

> 临河的土场上，太阳渐渐地收了他通黄的光线了。场边靠河的乌桕树叶，干巴巴的才喘过气来，几个花脚蚊子在下面哼着飞舞。面河的农家的烟突

★ 倒叙与顺叙的转换处，要有明显的界限，还要有必要的文字过渡，做到自然衔接。特别要注意，不要无目的地颠来倒去，反反复复，使文章的眉目不清。

里，逐渐减少了炊烟，女人孩子们都在自己门口的土场上泼些水，放下小桌子和矮凳；人知道，这已经是晚饭时候了。

我们看，连花脚蚊子的飞舞，连女人孩子们在门前土场上泼点水这些小事都写进去了，不能不算是写得细致。这样的描写是必要的，因为在这篇故事里，需要这么一幅画面来把当时的环境表现出来。像这样的写法，不但无伤于简洁，而且也正是简洁的另一种表现——这里需要一幅画面，现在用了这么短短的百把个字就把这画面画出来了，并且画得这么生动灵活，在笔墨的运用上，能说不是简洁的吗？

赵树理的文章也很注意简洁，也是不大多用笔墨去描写景物的。然而在《李家庄的变迁》里，我们发现了这样的一段：

> 她一路走着，看见跟山里的情形不同了——一块一块平展展的好地，没有种的庄稼，青蒿长得一人多高；大路上也碰不上一个人走，满长的是草；远处只有几个女人小孩提着篮子拔野菜。到了村里，街上也长满了草，各家的房子塌的塌，累的累，门窗差不多都没有了。回到自己住过的家，说春喜喂过骡子也是以前的事，这时槽后的粪也成干的了；地上已经有人刨过几遍。残灰烂草砖头石块满地都是。走到娘家，院里也长满了青蒿乱草，只

★（5）插叙法：插叙是为了表达文章中心的需要。有时是为了帮助读者了解故事情节的追叙；有时是对出场人物的情节作注释、说明。

有人在草上走得灰灰地一股小道，娘在院里烧着火煮了一锅槐树叶，一见二妞，一句话也没说出来就哭起来。哭了一会，母女们回到家里见了修福老汉，彼此都哭诉了一回一年多的苦处，天就黑了。家里再没有别的，关起门来吃了一顿槐叶。

这里，连槽后骡子的粪干在地上都观察到，而且都写进去了，当然得算细致的。一段文章里再三提到"青蒿""草""烂草""青蒿乱草"等等，也并不觉得重复。原因是在这个地方需要这么一段描写，必须写得细致，才足以表现出变化的大，如果在这种地方写得太简略了，文章的真实性就会显得不够，因而效果也就要大打折扣。我们所要学习的是，如何在必须写得细致的地方往细致处去写，而细致之中仍能注意到简洁，不使文章因细致而流于冗赘。

周立波的《暴风骤雨》里有一段，描写农民们听见恶霸地主韩老六在迫害农民时的愤怒情形，是这样写的：

整个屯子，都轰动了。啼明鸡叫着。东南天上露出一片火烧似的红云。大伙从草屋里，从电道上，从园子里，从柴火堆后面，从麦码子旁边，从四面八方，向韩家大院奔来。他们有的拿着镐头，有的提着斧子，有的抢起掏火棒，有的空着手出来，在人家的柴火堆子上，临时抽出榆木棒

★ 使用插叙一定要满足表达中心思想的需要，做到不节外生枝，不喧宾夺主。在插入叙述的时候，还要注意文章的过渡、照应和衔接，不能有断裂的痕迹。

子，椴树条子，提在手里。光背的男子，光腚的小嘎，光脚丫子的老娘们，穿着露肉的大布衫子的老太太，从各个角落，各条道上，呼拉呼拉地涌到电车道上，汇成一条汹涌的人群的巨流，太阳从背后照去，照映着一些灰黑色的破毡帽和剃得溜光的头顶，好像是大河里的汹涌的波浪似的向前边涌过去。

这段文章里把人从哪里来的，作些什么不同的动作，拿些什么不同的武器，一样一样的都写了出来，很够细致。可是读起来只觉得气势壮盛，语气贯通，丝毫不觉得繁琐，更不觉得累赘。这也就说明，需要细致的地方尽管往细致处写，只要所写的是必要的，写得是干净利落的，在风格上仍旧可以保持简洁。细致跟冗赘是完全不相干的两回事。

另外一些作家，是特别善于运用细致的描写的。比如茅盾和丁玲等等，作品里时常有仔细描写环境或刻划人物的地方。随便举个例子看看。

丁玲的《太阳照在桑乾河上》，在开头不远的地方就用了相当多的篇幅，来描写一个本身有严重的缺点，后来就由于他的缺点使工作受到影响的主持土改工作的干部——文采同志：

文采同志正如他的名字一样，生得颇有风度，

★（6）补叙法：补叙主要用于对上文的叙述补充说明，一般是片断性的、简要的，不具备完整的事件，也可以把解释或说明的文字放在前面，以引起下文。补叙一般不发展情节、事件，只对原来的叙述起丰富、补充作用。

有某些地方很像个学者的样子，这是说可以使人觉得出是一个有学问的人，是赋有一种近于绅士阶级的风味。但文采同志似乎又在竭力摆脱这种酸臭架子，想让这风度更接近革命化，像一个有修养的，实际是负责，拿庸俗的说法就是地位高些的共产党员的样子。据他向人说他是一个大学毕业生，或者更高一些，一个大学教授，是什么大学呢，那就不大清楚了，大约只有组织上才了解。当他做教育工作的时候，他表示他过去是一个学教育的；有一阵子他常同一些作家来往，他爱谈文艺的各部门，好像都很精通；现在他是一个正正经经的学政治经济的，他曾经在一个大杂志上发表过一篇这类的论文。

他又博览群书，也喜欢同人谈论这些书籍。有一次他同别人大谈茅盾的《子夜》和《清明前后》，以及中国民族工业的困苦的环境及其前途。人家就请教他，为什么茅盾在这两篇作品里同样安置一个那么精明、泼辣的女性，她极端憎恨她的周围，却又不得不像个妓女似的与那些人周旋。他就乱说了一通，还说那正是作者的恋爱观，又说那是最近代的美学思想。听的人都生气了，说他侮辱了茅盾先生。他以为别人要揍他了，才坦然地承认这两本书都没看，只看了《子夜》的批评文章，《清明前后》的序和一些演出的新闻。

另外一次，他在一个县委家里吃饭，想找几句话同主人谈谈，他便说："你的胖胖的脸很像你父亲。"那个主人很奇怪，问："你见过他老人家

★ （7）分叙法：分叙的作用是把头绪纷繁、错综复杂的事情，写得眉目清楚、有条不紊。分叙可以先叙一件，再叙另一件，也可以几件事情交叉叙述。

么？"他指着墙头挂的一张木刻像说："这不是你父亲么？你看你的两个眼睛多像他。"不防备把一屋子人都惹笑了，坐在他对方的人，忍不住把满嘴的饭菜喷了一桌子。"天呀！那是刘玉厚嘛，你还不认识，同志，亏你还在延安住过。""刘玉厚的像我看得多了，这个不是的，这真不是你父亲吗？"他还装出一副满不在乎的样子，后来才又自己解嘲说，这张像不知道是谁刻的，一点也不像，只有古元刻的最好，古元到他家里住过很久的。人家便又指着那木刻下边的署名，他一看却是古元两个字。这一来他没有说的了，便告诉别人，古元这个名字在外国如何出风头，……

像这些细致的描写，都是值得我们学习的。我们必须认清：哪类文章应该写得简洁，哪类文章应该写得细致，文章的哪些地方应该往详尽处写，哪些地方应该往简略处写；往简略处写的，如何写得简略而不至于晦涩；往详尽细致处写的，如何写得详尽细致而不至于重复繁琐。作到简洁，有两个要点：第一是材料的选择和剪裁，就是说，根据文章的性质和内容，哪些材料应该放进去，哪些材料不必放进去；应该放进去的材料还要加以配合，哪些要尽量的多往里放，哪些只要少放一点。第二是注意遣词造句，就是说，怎样用最少的必要的字句，把要说的话说清楚。要作

★ 采用分叙时要根据文章内容和表达中心思想的需要确立叙述的线索，还要交代清楚每一事件发生和发展的时间。

233

到细致，也有两个要点：第一，写得细致要靠观察和分析的细致，第二，所谓细致是把当写的地方毫不遗漏地仔细地写出来，并不是没话找话说，硬往长处拉。从这些地方着眼，可以说简洁和细致不但不是矛盾的，而且是可以并存于一个作家的作品里，并存于一篇文章里，互相辅助，互相作用的两种好的风格。

（二）"明快"和"含蓄"

说话可以是爽爽朗朗的，斩钉截铁的，有一句说一句，丝毫不保留，把要说的话明明白白的一古脑儿说出来，让人家一听就懂，而且懂得很透彻，不必去推想意会。说话也可以含蓄一点，要说的意思不是不说，只是不说得那么露骨，或是不说得那么直接，因此人家听起来得揣摩揣摩才能懂得彻底，而且仿佛越揣摩意思越多，一句话抵得了好几句的内容。两种说法各有好处：前一种叫人觉得明朗、痛快、带劲，后一种叫人觉得深沉、稳重、有味儿。说话如此，文章也是一样。这就是所谓"明快"和"含蓄"两种不同的风格。

一般说来，写文章应该尽可能的作到明快。明快的文章，人家了解起来省力，很容易抓住要领。特别

★（8）详叙法：详叙一般用于对每件事发展变化过程的具体叙写。详叙时要抓住人物的特征或事情的细节进行详尽、细致的描叙。

在今天，广大的人民群众正迫切地需要文化，努力地学习科学、技术，文章写得明快，就能使更多的人容易领会，容易接受，文章也就能够为更多的人民服务，为社会主义建设事业服务。

不过，所谓含蓄，并不同于"隐晦"。有含蓄的文章并不一定难懂；正相反，有时它会给读者更多的启示，使读者充分发挥他的推理和联想的能力，从文章里得到更多的益处。而且，有些文章，或者有些文章里的某些部分在内容上需要表现得含蓄一点；这时，不适当地追求明快，反而减低了文章的效果。

所以，我们固然希望尽可能地把文章写得明快，可是也不能就此认为含蓄不如明快好。风格是写作技巧的总和，而技巧是决定于文章的内容的。

大体上说，发表主张、表示意见的文章宜于明快。我们的主张和意见，不表示则已，既要表示，最好表示得明明白白，否则很容易流于模棱两可。

（1）科学的态度是"实事求是"，"自以为是"和"好为人师"那样狂妄的态度是决不能解决问题的。我们民族的灾难深重极了，惟有科学的态度和负责的精神，能够引导我们民族到解放之路。真理只有一个，而究竟谁发现了真理，不依靠主观的夸张，而依靠客观的实践。只有千百万人民的革命实

★ 作文时，与中心思想密切相关的部分，要详叙；与中心思想关系不大，而又必须交代的，则几笔带过，这样文章的中心才能突出，否则文章会出现无中心或多中心的情况，显得繁琐。

践，才是检验真理的尺度。

（毛泽东：《新民主主义论》）

在这段文章里，我们的主张——实践是检验真理的尺度，明明白白地说了出来，没有什么含蓄的地方，没有什么要人猜想推测的地方。

此外，像一般的科学性的文章以及日常应用的公文等，大都也要求比较明快的说法。

所谓含蓄，有种种不同的情形。最普通的是在叙述的事实和现象的里面包含着某种道理，但作者只是叙述了事实和现象，没把其中的道理明白说出来。比如赵树理的《李有才板话》中的两段：

（2）阎家山这地方有点古怪：村西头是砖楼房，中间是平房，东头的老槐树下是一排二三十孔土窑。地势看来也还平，可是从房顶上看起来，从西到东却是一道斜坡。西头住的都是姓阎的；中间也有姓阎的也有杂姓，不过都是些在地户；只有东头特别，外来的开荒的占一半，日子过倒霉了的本村的杂姓，也差不多占一半，姓阎的只有3家，也是破了产卖了房子才搬来的。

李有才常说"老槐树底的人只有两辈——一个'老'字辈，一个'小'字辈"。这话也只是取笑：他说的"老"字辈，就是说外来的开荒的，因为这些人的名字除了阎长派差派款在条子上开一下

★ 标题头尾

作文的标题、开头和结尾是阅卷老师阅读的重要位置，关系到阅卷老师对作文的第一印象，因而很重要。

以外，别的人很少留意，人叫起来只是把他们的姓
上边加个"老"字，像"老陈、老秦、老常……"
等。他说的"小"字辈，就是其余的本地人，因为
这地方人起乳名，常把前边加个"小"字，像"小
顺、小保……"等。可是西头那些大户人家，都用
的是官名，有乳名别人也不敢叫——比方老村长
阎恒元乳名叫"小囤"，别人对上人家不只不敢叫
"小囤"，就是该说"谷囤"也只得说成"谷仓"，
谁还好意思说出"囤"字来？一到了老槐树底，风
俗大变，活80岁也只能叫"小什么，小什么"，你
就起上个官名也使不出去——比方陈小元前几年请
柿子洼老先生给起了个官名叫"陈万昌"，回来虽
然请阎长在闾账上改过了，可是老村长看账时候想
不起这"陈万昌"是谁，问了一下闾长，仍然提起
笔来给他改成陈小元。因为有这种关系，老槐树底
的本地人，终于还都是"小"字辈。……

　　开头说："阎家山这地方有点古怪"，讲到李有才
说"老槐树底的人只有两辈——一个'老'字辈，一
个'小'字辈"，又加了一句："这话也只是'取笑'"。
"古怪"和"取笑"把这两段文章冲得很淡，好像是
说着好玩的，可是稍微一揣摩，就可以发现文章里确
是含蓄着一番道理。很显然，阎家山这地方贫富是多
么悬殊：从西到东，正是从砖楼房到土窑的一道斜坡。
同时，这地方的封建势力是多么大：有钱有势的人，

★　怎样拟好标题？
　　文章的标题就像龙的
眼睛。眼睛有神龙会
飞，标题有神文添彩。

237

别人称呼起来都要"避讳"，无钱无势的人，有个正式的名字也不许用，非要叫他"小什么"不可。

讽刺也是常常用含蓄的说法的。鲁迅在《我怎么作起小说来》里有这么一句：

（3）可省的处所，我决不硬添，做不出的时候，我也决不硬做，但这是因为我那时别有收入，不靠卖文为活的缘故，不能作为通例的。

这句话隐隐的是说，当时有些"靠卖文为活"的人，作起文章来总是硬往长处拉，做不出的时候硬做，不必说的话硬扯，而且这种作者非常多，所以反倒成了"通例"。这些话鲁迅并没明说，而是含蓄在那句话里头的。

此外，愤怒怨恨的情绪，希望和信念之类，有时也用含蓄的说法来表达，这里不再举例。

从前面这些例子里我们也可以认识到，明快和含蓄，并不是互相对立的，而是可以相辅相成的两种风格。第一，一篇文章里，甚至一段文章里，可以同时有说得明快的部分，也有说得含蓄的部分。比如第（3）例，前半句鲁迅说他自己的写作态度是"可省的处所，我决不硬添，做不出的时候，我也决不硬做"，这是非常明快的，而下半句顺便讽刺一下当时那些"靠卖文

238

为活"的人，就改用了含蓄的说法。第二，一篇文章，可以在一方面是明快的，而在另一方面同时也是含蓄的。比如第（3）例，就叙事的方法说，写得很明快，就所叙事实里表现的意义说，却写得很含蓄。这样更可以说明，明快和含蓄并不是互相对立或互相矛盾的。我们所要注意的是这两种风格应该怎样使用，怎样配合，也就是说，哪种文章或哪种文章的哪些地方宜于明快，哪种文章或哪种文章的哪些地方宜于含蓄。

和明快相应的缺点是肤浅。明快是好的，但是不能为了追求明快把文章写得轻飘飘的，只顾让人读起来容易懂，可是读懂了并不能得到什么启发。和含蓄相应的缺点是隐晦，简单说，就是意思表达得太不明显，让人不懂，或是很难懂。肤浅和隐晦，都是应该避免的。

（三）"平实"和"藻丽"

说话可以说得活泼巧妙，多用些形容词之类的修饰语，或是多用些比喻之类的辞藻。这样的话显得生动细致。说话也可以不多用那些修饰的手段，只是一老一实地叙述事实，铺陈景物，解析事理。这样的话显得厚重大方。两种风格各有各的优点，各适于一

★ 拟好标题的方法有哪些呢？

（1）运用修辞。如《忠诚：沟通友谊的桥梁》用比喻；《我与自信签约》用拟人；《榜上无名，脚下有路》用对偶；《少年壮志不言愁》引用诗歌；《自考之路通罗马》用借代（"罗马"借代"成功"）等。

水的时候也才只用一只手，她一辈子常是用碗往锅里舀水，金桂用的大瓢一瓢就可以添满她的小锅：这怎么像个女人？第二，她洗一棵白菜，只用一碗水，金桂差不多就用半桶，她觉着这也太浪费。既然不顺眼了，不说两句她觉得不痛快，可是该说什么呢？说个"不像女人吧"，她知道金桂一定不吃她的，因此也只好以"反对浪费"为理由，来挑一下金桂的毛病："洗一棵白菜就用半桶水？我做一顿饭也用不了那么多！"

★（4）反常求异。如《我想当个差生》《会上楼的牛仔裤》。

"两瓢水吧，什么值钱东西？到河里多担一担就都有了！"金桂也提出自己的理由。

"你有理！你有理！我说的都是错的！"李成娘说了这两句话，气色有点不好。

金桂见婆婆鼓嘟了嘴，知道自己再说句话，两个人就会吵起来，因此也就不再还口，沉住气洗自己的菜。

李成娘对金桂的意见差不多见面就有：嫌她洗菜用的水多，炸豆腐用的油多，通火有些手重，泼水泼得太响……不说好像不够个婆婆派头，说得她太多了还好顶一两句，反正总觉着不能算个好媳妇。金桂倒很大方，不论婆婆说什么，自己只是按原来的计划做自己的事，虽然有时候顶一两句嘴，也不很认真，她把待客用的菜蔬都准备好，洗了占不着的家具，泼了水，扫了地上的菜根葱皮，算是忙了一个段落。

（赵树理：《传家宝》）

这一节文章一共有1400来字，叙述了一个家庭的

242

基本情况，描写了两个人（李成的娘和金桂）的性格，可是我们可以数一数看，全文一共用了几个形容词作成的修饰语？至于比喻之类，简直一个都没有。然而我们读下来并不觉得枯燥，而且所得的印象非常鲜明深刻，因为文章里叙述和描写的都是具体的事实、动作和谈话，这样就具备了所谓平实的这种良好风格。

再看另一个例子。

（2）阿Q不独是姓名籍贯有些渺茫，连他先前的"行状"也渺茫。因为未庄的人们之于阿Q，只要他帮忙，只拿他玩笑，从来没有留心他的"行状"的。而阿Q自己也不说，独有和别人口角的时候间或瞪着眼睛道：

"我们先前——比你阔的多啦！你算是什么东西！"

阿Q没有家，住在未庄的土谷祠里，也没有固定的职业，只给人家作短工，割麦便割麦，春米便春米，撑船便撑船。工作略长久时，他也或住在临时主人的家里，但一完就走了。所以，人们忙碌的时候，也还记起阿Q来，然而记起的是做工，并不是"行状"；一闲空，连阿Q都早忘却，更不必说"行状"了。只有一回，有一个老头子颂扬说："阿Q真能做！"这时阿Q赤着膊，懒洋洋的瘦伶仃的正在他面前，别人也摸不着这话是真心还是讥笑，然而阿Q很喜欢。

（鲁迅：《阿Q正传》）

★ 怎样写好文章的开头？

文章的开头就象凤的头。凤头美好招人看，文头亮丽引人读。

文章的开头要简洁，入题要快，语言要有文采，能使人一看开头就有想往下读的欲望。

这一段300来字的文章很生动地介绍了阿Q的身分性格，可是也不过只用了三五个形容词修辞语，比喻之类的辞藻一个也没有，除了"行状"那个词多少带点幽默讽刺的味道。和前面举的那个例子一样，这段文章读起来也觉得很有趣味，读后所得的印象也很清晰。什么道理呢？也是因为文章里叙述了具体的事实，写了具体的形象、动作和谈话。

从上面这两个例子里我们可以得到一点体会：写得平实的文章一定是写得最具体的文章。因为写得具体，所以不再需要修饰性的东西，有了修饰性的词语反而成了赘疣。也正是因为写得具体，所以尽管不用修饰性的东西，可是读者决不会觉得枯燥，反而能得到鲜明深刻的印象。

下面这几段文章都具有藻丽的风格。

（3）战争的消息与谣言几乎每年随着春麦一块儿往起长，麦穗与刺刀可以算作北方人的希望与忧惧的象征。祥子的新车刚交半岁的时候，正是麦子需要春雨的时节。春雨不一定顺着人民的盼望而降落，可是战争不管有没有人盼望总会来到。谣言吧，真事儿吧，祥子似乎忘了他曾经作过庄稼活，他不大关心战争怎样的毁坏田地，也不大注意春雨的有无。他只关心他的车，他的车能产生烙饼与一切吃食，它是块万能的田地，很驯顺地随着他走，

★ 写好文章的开头的方法：
（1）引用诗词歌词开头。如"'只要人人献出一点爱，世界将要变成美好的人间……'一听到这首《爱的奉献》，几天前在放学路上看到的那人的一幕，就会浮现在我的眼前。

一块活地，宝地。因为缺雨，因为战争的消息，粮食都长了价钱；这个，祥子知道。可是他和城里人一样的只会抱怨粮食贵，而一点主意没有；粮食贵，贵吧，谁有法儿教它贱呢？这种态度使他只顾自己的生活，把一切祸患灾难都放在脑后。

（老舍：《骆驼祥子》）

这段文章的特点是灵巧。不说每年的春末夏初都要打仗，而说"战争的消息与谣言……随着春麦一块儿往起长"；不说样子买了新车的半年之后，而说"祥子的新车刚交半岁"；不说他靠他的车过活，而说"他的车能产生烙饼"；这些，都给人一种轻巧别致的感觉。就连"春雨不一定顺着人民的盼望而降落，可是战争不管有没有人盼望总会来到"这种大略成对的句子，以及"粮食贵，贵吧，谁有法儿教它贱呢？"这种说法，也都是运用了修饰的，对人具有启发性、容易引起人的想象的。

　　（4）旭日的金光，射散了笼罩在江面的轻烟样的晓雾；两岸的山峰，现在也露出本来的青绿色。东风奏着柔媚的调子。黄浊的江水在山峡的紧束中澌澌地奔流而下，时时现出一个一个的小漩涡。

　　隐约地有呜呜的声音，像是巨兽的怒吼，从上游的山壁后传来。几分钟后，这模糊的音响突然扩展为雄赳赳的长鸣。在两峰的峭壁间折成了轰隆隆

★（2）设置悬念开头。如"挂钟不慌不忙，有节奏地走着，滴嗒，滴嗒……都快要4点了，妈怎么还没回来？"

的回声。一条浅绿色的轮船很威严地冲开了残存的雾气，轻快地驶下来，立刻江面上饱涨着重浊的轮机的闹音。

这是行驶川江的有名的隆茂轮。今天破晓时从夔府启碇，要在下午两三点钟赶到宜昌。

虽然不过是早上 8 点钟，船舷阑干上却已经靠满了人。这都是出来呼吸新鲜空气的三等舱的朋友们。最高一层大餐间外边的走廊上，便没有这么热闹；只有两个女子斜依在绿油的铁阑干上，纵眺这奇伟清丽的巫峡的风景。

（茅盾：《虹》）

★（3）写景状物开头。如"朝阳出来了，湖水为它梳妆；新月上来了，群星为它做伴；春花开了，绿叶为它映衬；鸟儿鸣唱，蟋蟀为它拉琴……天地万物都在向我们讲述着关爱的故事。"

这段文章的特点是细致。把早晨的太阳的光说成"金光"，把雾说成"轻烟样的晓雾"，以及"东风奏着柔媚的调子""黄浊的江水""澌澌地奔流而下""像是巨兽的怒吼""雄赳赳的长鸣""轰隆隆的回声""威严地冲开了残存的雾气""轻快地驶下来""重浊的轮机的闹音""斜倚""绿油的铁阑干""奇伟清丽的巫峡的风景"——这一切有的是形容词修饰语，有的是比喻，有的写形象，有的写色彩，有的写音响，目的都是要把当时的景象写得细致。细致，不一定非用修饰的辞藻不可。铅笔画、水墨画也可以画得细致。多用修饰辞藻的细致好比是细笔的水彩画，不但要把许多细微的地方画出来，而且还要着上色彩，使它更鲜明一点。

（5）顾二姑娘离开了自己的家，就像出了笼的雀子一样，她又年青了。她本来才23岁，她是一棵野生的枣树，欢喜清冷的晨风和火辣辣的太阳。她并不好看，却茁壮有力。自从出嫁后，便变了，从来也没有使人感觉出那种新媳妇的自得的风韵，就像拔离了土地的野草，萎缩了。

（丁玲：《太阳照在桑乾河上》）

这段文章的特点是活泼。描写顾二姑娘的本性，说她"是一棵野生的枣树，欢喜清冷的晨风和火辣辣的太阳"，马上给人一种新鲜而有力的感觉。写她出嫁之后，说她"像拔离了土地的野草，萎缩了"，给人的还是一种很新鲜的感觉。写她出了自己的家门，"像出了笼的雀子一样，她又年青了"，给人的更是一种活跃有生气的感觉。所以给人这种感觉，主要是一连使用了3个很好的比喻。

从上面这3个例子里我们也可以得到一点体会：所谓藻丽并不是做做作作地硬用些修饰性的词语，而是为了一定的目的，为了收到一定的效果，在适当的地方运用一些贴切恰当的形容词或比喻之类的辞藻，为文章着上一层它所需要的色彩。要是去了这些修饰性的东西，文章就会减色。滥用修饰词语的文章不这样，把那些词语去掉不但不会使文章减色，反使文章

★ 怎样写好文章的结尾？
文章的结尾应像老虎的尾巴那样，结实，有力。

247

显得干净利落。读者不妨从这个角度上把前面3个例子再研究研究，可能的话跟自己所写的文章比较比较。

前边说过，平实和藻丽并不是互相对立的两种风格，而是可以并存于一篇文章之中，互相配合，互相辅助的。丁玲的《我在霞村的时候》，开头一段叙述到霞村去的情形，因为只是叙述事情的经过，所以写得很平实。

（6）因为政治部太嘈杂，莫俞同志决定要把我送到乡村去暂住，实际我的身体已经复原了，不过既然有安静的地方暂时休养，趁这机会整理一下近三月来的笔记，觉得也很好，我便答应他到霞村去住两个星期，离政治部有30里路。

同去的还有一位宣传科的女同志，她大约有些工作，但她不是个好说话的人，所以一路显得很寂寞，加上她是一个"改组派"的脚，我的精神又不大好，我们上午就出发，可是太阳快下山了，才到达目的地。

两段文章里只有一个形容词修饰语，比喻之类和构造特殊的句子，一个也没有。但同一篇文章的另一个地方，在描写一个遭际不幸的女人时，却用了另一种笔调。

（7）贞贞把脸收藏在一头纷乱的长发里，却望得见有两颗狰狞的眼睛从里边望着众人，我只走到她旁边便站住了。她似乎并没有感觉我的到来，或者也把我当做一个毫不足以介意的敌人之一罢了。她的样子完全变了，几乎使我不能在她的身上回想

★ 写好文章结尾是的方法：
（1）卒章显志法，即末尾点明文章的中心。可用抒情议论句直接点出来。如一篇文章的结尾"人有悲欢离合，月有阴晴圆缺，此事古难全"表达了师生间的依依惜别之情。

起一点点那些曾属于她的洒脱，明朗，愉快，她像一个被困的野兽，她像一个复仇的女神，她憎恨着谁呢，为什么要做出那么一副残酷的样子？

描写她头发蓬乱的情形，说她"把脸收藏在一头纷乱的长发里"；写她的愤怒躁急，说她"像一个被困的野兽""像一个复仇的女神"。这些都是修饰的辞藻。

和平实相应的缺点是枯操呆板，和藻丽相应的缺点是油滑堆砌。写事实、写景物，如果既不能写得具体，又不能用些好的修饰性词语去启发读者的想象，只是很僵硬、很草率的几笔粗线条，结果一定是枯操呆板，使人读起来觉得索然寡味，读后的印象模模糊糊。和这相反，如果在不必要的地方硬用些形容词之类的修饰语，写大家所熟知的事物还勉强凑合些并不十分贴切的比喻，或是在宜于严肃庄重的地方偏偏说俏皮话，这样就成了油腔滑调，堆砌辞藻，让人读起来觉得不真实，不亲切，所得的印象也势必浮浮泛泛，支离破碎。怎样运用辞藻，是应该学习的，怎样把文章写得平实而具体，尤其应当学习。学画画儿需要学习运色，可是素描毕竟是基础。所以初学写作的人，不妨把学习平实、避免油滑堆砌当作第一步要求，把学习运用辞藻、避免枯燥呆板当作进一步的要求。

★（2）首尾呼应法。如"那天，阳光好暖，好暖……"与开头的"一缕金黄色的阳光从窗口斜射在桌子上，照在信封上，那天阳光好暖啊……"呼应。

（3）描景写事法。如上例便是描景结尾法。又如一篇题为"心结"的结尾"我走向了他……"，以写事法结尾，点出了事情的结局。